edition suhrkamp 2726

Wie könnte Widerstand heute aussehen? Auf der Suche nach einer Antwort zieht Enis Maci eine Linie von Jeanne d'Arc über Sophie Scholl zu den albanischen Schwurjungfrauen. Sie entlarvt die medialen Strategien der Identitären »Bewegung« als Travestie, befragt Muttersprache und Herkunft, reist nach Walhalla und blickt dort auf die Büste der in Auschwitz ermordeten Nonne Edith Stein. Sie verweilt in den sozialen Randzonen und verwebt die losen Zipfel erzählens-notwendiger Dinge zu einem dichten Panorama europäischer Gegenwart. Das Außerordentliche überkreuzt sich in ihren Essays mit dem Alltäglichen, das Private mit dem Politischen.

Enis Maci, geboren 1993, studierte Literarisches Schreiben und Kultursoziologie in Leipzig und London. Sie schreibt Essays und Theaterstücke. Für ihr Stück *Mitwisser* wurde sie 2018 von *Theater heute* zur Nachwuchsautorin des Jahres gewählt.

Enis Maci

Eiscafé Europa

Essays

Suhrkamp

5. Auflage 2020

Erste Auflage 2018
edition suhrkamp 2726
Originalausgabe

Satz: Satz-Offizin Hümmer GmbH, Waldbüttelbrunn
Druck: Druckerei C.H.Beck, Nördlingen
Umschlag gestaltet nach einem Konzept
von Willy Fleckhaus: Rolf Staudt
Printed in Germany
ISBN 978-3-518-12726-1

Eiscafé Europa

INHALT

JUNGFRAUEN

Ein paar relevante Axiome:

1) Die Befreiung der Frau findet an der Waffe statt.

2) Die Waffe ist eine Weigerung.

3) Virginity means refusing to be fucked.

4) Die Waffe ist ein Paar Hosen, sie ist kein freundliches Gesicht, sie ist: eine AK 47.

5) Die Waffe ist dein Wille: hart wie Kruppstahl, weich wie deine Fotze.

6) Die Waffe ist die Fanfare, die bläst zum Gefecht, und das Gefecht ist die Folge der Weigerungen, die unweigerliche.

***

Meine Mutter kann ein Maschinengewehr in sechzig Sekunden auseinanderbauen, ölen und wieder zusammensetzen. Mein Vater natürlich auch.

Von Zeit zu Zeit seufzt meine Mutter, sagt, die Zeiten hätten sich geändert, es sei nicht mehr wie früher, als mein Vater ihr klaglos die Kalaschnikow den Berg hochgetragen habe, wenn sie keuchte. Heute trage er sie zwar noch, doch auch er keuchend.

Als ich jünger war, schlugen wir die Sommer tot, indem wir uns Fotoalben anschauten. 1968 bis 1991: Die Schwarzweißfotos, wellig ausgestanzt, leicht vergilbt, wirkten wie aus Weltkriegszeiten. In meinem Ohr ein Satz: Opa war kein Mörder. Und ich ergänze: Er war ein fotogener Wehrmachtssoldat. Dass globale Modetrends hier dreißig Jahre später eintrafen, tat sein Übriges, noch 1989 konnte mein Onkel durch das Wachsenlassen der Haare über die oberen Ränder der Ohren seiner Ablehnung Ausdruck verleihen, und auf den illegalen Partys in den Studentenwohnheimen wirbelten die Petticoats.

Auf den Fotos also lächelten pausbäckige Studentinnen und Studenten in kastigen Uniformen in die Kamera (man konnte leider nicht Hugo Boss verpflichten), das Gewehr lässig über die Schulter geworfen oder vor sich aufgestellt. Ich erkannte ein paar Leute: meine Eltern, ihre Trauzeugen, eine Frau, die im Sommer davor zum Kaffeetrinken da gewesen war und mir einen Banana-Republic-Lipgloss geschenkt hatte. Meine Mutter zeigte auf jeden Einzelnen, sie sagte: Die wohnt jetzt in Kanada, die auch, die ist letztes Jahr aus Italien zurückgekommen, der ist Professor in Japan und mit einer Japanerin verheiratet – Pause, das ist ungewöhnlich –, der ist jetzt Matheprofessor, die hat ein

Café im Bllok, die wohnt in England, die wurde von ihrem Mann halb totgeprügelt, das ist er, er wohnt wieder bei seiner Mutter, sie da hat ihre Verlobung mit dem da gelöst, um dann ihn da zu heiraten, und ich stellte mir vor, wie in einer anderen Wohnung in der Stadt ein anderes Teenagegirl mit seiner Mutter über das Album gebeugt saß, und die Mutter sagte: Und die ist jetzt in Deutschland, und nickte langsam, von unten nach oben, als wollte sie nein sagen oder Maß nehmen.

***

Die Fanfare bläst ein Lied, sie singt: Weh mir, ach!, sie singt: Noch ist Polen nicht verloren!, sie singt: Was Hänschen nicht lernt, lernt Hans nimmermehr, sie tobt.

Die Tobsucht ist das Wissen, dass Stillstand der Tod ist und im Wüten die Rettung liegt.

Ich trage meine Hosen mit Anmut, wie ein Engel, der sein Gewehr schultert.

This was not a puerile virginity defined by fear or effeminacy. This was a rebel virginity harmonious with the deepest values of resistance to any political despotism.

ANDREA DWORKIN, *INTERCOURSE*

***

Im Eiscafé Europa bekamen wir Mädchen wie immer jede zwei Kugeln oder einen Zitroneneistee. Ich verhielt mich unauffällig, grundlos eingeschüchtert, während meine Mutter Kaffee trank mit ihrer Freundin Bleta, die mit ihren dezenten Klamotten, mit ihren grabentiefen Augenringen auch eine ziemlich fertige Französin hätte abgeben können, die, fünfunddreißigjährig, erst ein paar Wochen zuvor bei Rewe an der Kasse, bei einem ihrer drei Jobs also, ein Schlaganfall ereilt hatte. Mit stoischer Gelassenheit, wie man so sagt, suchte sie wegen des seltsamen Kopfschmerzes erst nach Feierabend ihren Hausarzt auf, der sie umgehend ins Krankenhaus einliefern ließ, aus dem sie sich noch am selben Abend selbst entließ, weil sich die Brötchen nicht von allein verdienen, wie sie sagte, wobei sie natürlich etwas anderes sagte, wobei das alles natürlich eine freie Übersetzung ist, wie sie also sagte und an ihrer Zigarette sog, gierig und bestimmt, sog wie ein Säugling, sog, als hoffte sie, an deren anderem Ende etwas Wichtiges zu finden.

Bleta also und ihre Töchter und meine Mutter und ich saßen im Eiscafé Europa, im gelobten. Bleta löffelte den Milchschaum vom Cappuccino, rauchend, so wie sie alles rauchend tat, so wie schließlich sogar die Besitzerin – eine sehr große, sehr schlanke Jugoslawin mit sehr hohen Schuhen und sehr gut sitzendem Haar –, so wie sogar die Besitzerin beim Eis-ins-Hörnchen-Schaufeln rauchte und alle, die keine Stammgäste waren, abweisend anschaute. Wir waren Stammgäste, und wie immer raunten Bleta und meine Mutter sich anerkennende Worte über den Style der Langen zu, ganz als hielte sie irgendjemand davon ab, selbst unbequeme Schuhe zu tragen und böse zu gucken.

Im Eiscafé Europa also zeigte Bleta mit der flachen Hand, Handfläche nach oben, auf meine Mutter und rief: Schaut sie euch an, schaut sie euch genau an, und wir schauten, und sie weiter: Was für eine burrneshë.

Begeistert pries sie meine Mutter und wedelte dabei mit ihrer heruntergerauchten Kippe, bis ihre ältere Tochter sie ihr aus der Hand nahm und ausdrückte.

Natürlich gab meine Mutter das Kompliment zurück.

Und ich wusste sofort, ohne dass mir irgendjemand je erklärt hätte, was das war, eine Männin, wusste sofort, schon allein der Grammatik wegen, dass das nur Frauen sein konnten, dass es etwas war, das in seiner ganzen unausgesprochenen Drastik besser war als alles, was ein Mann sein konnte, deshalb also nickte ich andächtig, bevor ich mit meinem rosa Strohhalm die San-Benedetto-Dose leersog.

***

Außerdem:

Das erste Lager, in das eine Frau interniert wird, ist das Schlaflager.

Das Erzählen der Fabel ist prinzipiell ein gewalttätiges.

Die Feinde werden angelockt wie sonst nur die Beute, doch das Beute-Sein liegt in der Natur der Frau, das heißt: der kampfunfähig gemachten, das heißt: der unbewaffneten Frau.

Mehr noch als eine abgelegte Rüstung lockt den Feind: das freiwillige Hemmnis.

***

Im Alter hat meine Großmutter den Feminismus für sich entdeckt. Unterm Sonnenschirm erklärte sie mir, dass sie die moderne Entwicklung, nicht sofort den ersten Mann, den man liebt, zum Kindsvater und Ehemann zu machen, durchaus begrüße, dass sie es gut finde, das Schwein im Zweifel in den Wind zu schießen, schließlich könne man aus seinen Fehlern lernen, man bekomme einen weiteren, zweiten Versuch. Aber Omma, sprach ich die offensichtlich offene Frage aus: Ab wie vielen Männern ist man denn dann ein Flittchen? Sie saß unterm Schirm, blinzelte in die untergehende Sonne, zuppelte an ihrem Bikini, sie dachte nach und antwortete: Drei. Ja, drei ist schon einer zu viel, ich meine, niemand macht denselben Fehler zweimal. Wenn du erst mal bei drei bist, sind vier, fünf, sechs ganz leicht, und irgendwann wirst du ganz Wahlurne, nur dass sie nicht Wahlurne sagte, sondern kuti votimi, und wer einmal gesehen hat, wie die ersten Wahlen dort abgehalten wurden, die weiß: Es gab ein Glas mit weißen Bällen und eine Wahlschachtel, stimmte man der Kandidatur zu, legte man einen Ball in die Schachtel, lehnte man die Kandidatur ab, legte man den Ball in den Mülleimer, die Guten ins Töpfchen, die Schlechten ins Kröpfchen, ein öffentlicher Vorgang.

***

Und weiter:

Because she found a way to bypass male desire, Joan [of Arc]'s story illuminates and clarifies to what degree male desire determines a woman's possibilities in life: how far, how fast, where, when, and how she can move; by what means; what activities she can engage in; how circumscribed her physical freedom is; the total subjugation of her physical form and freedom to what men want from her.

Steckt in der geschlossenen Abteilung nicht umsonst das Wort Abtei?

Wird die Welt geschützt vor den Insassinnen oder vielmehr die Insassinnen vor der Welt? Ist ihre Jungfräulichkeit das, was man ein gebrochenes Versprechen nennt? Was ist die Natur ihres Widerstands? An welche Grenzen haben sie sich gebunden?

Einem veredelten Apfelbaum nicht unähnlich, scheinen diese Frauen ihre Autonomie beschnitten zu haben, auf dass sie besser gedeihe.

***

Nur durch den symbolischen Übertritt zum männlichen Geschlecht konnte eine Frau in den ~~Stammes~~gesellschaften Südosteuropas einer arrangierten Verheiratung entgehen [ich hätte gesagt, konnte eine Frau dem Patriarchat ein, wenn auch brutales, Schnippchen schlagen, wie es andernorts seinerzeit höchstens noch durch einen Eintritt ins – na? – Kloster möglich war]. Indem sie fortan als ~~Mann~~ Männin lebte, ersparte sie sich und ihrer Familie die Entehrung, die sonst durch den Bruch eines Eheversprechens unweigerlich eingetreten wäre. Der zweite wichtige Grund für das Leben als eingeschworene Jungfrau war das Fehlen eines männlichen Familienoberhaupts, wodurch die Frauen der Familie schutzlos waren und die betreffende Familie auch keinen Sitz im Rat der Gemeinde ~~oder des Stammes~~ hatte. Wenn kein Sohn die Nachfolge übernehmen konnte, trat eine ledige Tochter an diese Stelle, lebte als Mann und war Familienoberhaupt. Der Mangel an männlichen Familienmitgliedern rührte in den südosteuropäischen ~~Stammes~~gesellschaften aus der weit verbreiteten Blutrache her, bei der oft alle männlichen Mitglieder einer Familie ausgerottet wurden. Indem eine eingeschworene Jungfrau an die Spitze der Familie

trat, konnte das Problem zumindest für eine Generation gelöst werden. Der Fortbestand der Familie war aber nur gesichert, wenn noch minderjährige Jungen lebten, die später an die Stelle ihrer Tante treten konnten.
WIKIPEDIA, LEMMA: EINGESCHWORENE JUNGFRAU

***

Und noch:

No woman can want freedom and have it dignified. The clothes made [Joan's] life of high adventure and martial brilliance possible; she needed them, a sword, a horse, a banner, a king, a cause, all of which she got with an intransigence that is the mark of genius. The male clothing – the signifier and the enabler, signifying rebellion, enabling action – became the emblem of her distinct integrity for those who hated her.

[Joan's male clothing] characterized her virginity as militant: hostile to men who would want her for sex and hostile to female status altogether. The Inquisition did not honor Joan's virginity: it was barely mentioned at her trial, except by her. The Inquisition did not accept Joan's virginity as evidence of her love of God as it would indisputably accept virginity in feminine dress.

Was hat die Norne der Nonne voraus? Wird nicht die Fähigkeit, das Schicksal zu kennen, stets den Jungfrauen zugeschrieben? Sieh!, Veleda, sieh!, Pythia, die auch heißt: Pytja, die Frage.

Das Verlieren der Jungfräulichkeit wird völlig zu Unrecht auch Verlust der Unschuld genannt. Wer erinnert sich an eine intakte Zeit?

Die Unschuld verlieren heißt: ganz unverliebt werden, den Dingen gegenüber.

Was ist Jungfräulichkeit? Am Anfang steht der Glaube, mit einem Mann zu schlafen würde eine Frau ändern, was viel zu ungenau ist. Genauer ist, dass die Veränderung eine ist, beziehungsweise, wenn alles korrekt abläuft, historischerweise zu sein hat, die der Frau angetan wird, die sie in einem Maße betrifft, in dem sie den Mann nicht betrifft. Genauer ist, dass die Anwesenheit des Mannes in ihr, in ihrem Körper, als Belagerung zu verstehen ist, dass sie, egal wie freiwillig sie erfolgt, immer als unfreiwillig zu verstehen ist, beziehungsweise historischerweise zu verstehen sein hat. Genauer ist, dass der Mann durch seine Anwesenheit in ihr eine irreparable Wunde in ihren Körper reißt, und diese Wunde heißt Fotze, denn das Geschlecht der Frau existiert ungefickt nicht. Es ist – und ich weiß, dass das nichts Neues ist, aber man kann es nicht oft genug aussprechen –, es ist eine Lücke, in die man sich ungefragt einnistet, nicht wie eine Schwalbe, sondern wie ein Parasit.

Die Waffe ist eine Maschine, die die Gebärfähigkeiten umverteilt. Sie wächst aus Körpern und Bäumen, aus Gleichungen und Zahlen, die ja auch Körper sind.

Solange sie, und nur sie, fähig ist zu gebären, steht die Frau unter dem Joch Gottes und des Mannes. Die Befreiung ist – und ob das wirklich tragisch ist, müssen andere entscheiden – nur in der Verantwortungslosigkeit zu erreichen, oder anders: im Verzicht auf die vorgesehene Verantwortung, in der Entscheidung für andere, nicht weniger alte Pflichten.

Mit Spannung erwarten wir also die globale Einführung desjenigen Polymergels, das unter lokaler Betäubung, nach einem kleinen Schnitt in den Hodensack, dem Mann oder allen anderen, die über einen solchen verfügen, in den Samenleiter injiziert wird und das den Fluss des Samens durch ebendiesen verhindert. Will sich die behandelte Person nun doch wieder fortpflanzen, wird das Prozedere wiederholt, nur dass statt des Polymers eine Kochsalzlösung injiziert wird, die den Samenleiter ausspült und die Zeugungsfähigkeit wiederherstellt. Durch sein grandioses Preis-Leistungs-Verhältnis und seinen überraschenden Mangel an Nebenwirkungen ist dieses Verfahren im ländlichen Indien bereits der Hit, nachdem der Arzt, der es erfunden hat, sich in einem erfrischend normalen, ethisch korrekten

Schritt zuallererst selbst etwas Plaste in den Sack spritzen ließ.

Glorreich wird die Zukunft, wenn wir es nur zulassen.

***

Als Spross einer reichen Bauernfamilie, eben einer der im Osmanischen Reich mit dem herrschaftlichen Titel Bey bedachten Großgrundbesitzer, die nach dem Krieg systematisch enteignet, verbannt und von Bildungs- und Aufstiegschancen ferngehalten wurden, hat mein Großvater trotz bürgerlichem Selbstverständnis nicht studiert, sondern eine Lehre als Landvermesser abgeschlossen. Dem Arbeitslager entgingen viele Teile seiner weit verzweigten Familie und damit auch er, das Kind, vor allem dank Cousin Meleq, dem Engel. Meleqi und sein Bruder Zini hatten sich während des Kriegs – zum Leidwesen ihrer mit der Nationalen Front sympathisierenden, einer Kollaboration mit den Nazis zum Zwecke der Schaffung eines »ethnischen« albanischen Nationalstaats, der Verhinderung des Kommunismus und dem Behalten ihres Reichtums nicht ganz abgeneigten Familie, zum Leidwesen ihrer unangenehmen Familie also – schon früh den Partisanen angeschlossen. Ein halbes Jahr vor der Befreiung wurde Meleqis Trupp von der Wehrmacht eingekesselt. Um die Flucht der meisten zu ermöglichen, war es notwendig – so wurde es meinem Großvater überliefert und uns durch ihn, möglicherweise geschönt, andererseits aber von anderen Familienmitgliedern, einschließlich meiner Großmutter, die sich stets gegen Heldenfolklore stemmt, bestätigt; vielleicht ist es also doch wahr oder in Teilen wahr oder prinzipiell wahr, und das ist es ja, worum es geht – es war jedenfalls notwendig, dass ein Partisan in Deckung blieb, auf die Feinde schoss und dabei selbst zugrunde ging. In meiner Vorstellung hatte er dabei keine schnöde Mannlicher, sondern ein monumentales, auf einem riesigen Stativ befestigtes Maschinengewehr, von dem die Patronengurte nur so baumelten, wie bei *Apokalypse Now*, bloß dass es ein gerechter Krieg war. Die Wahl fiel auf Meleqi, der machte seinen Job gut, die anderen überlebten, er starb im deutschen Kugelhagel, wurde später zum Held des Volkes erklärt und war nun die historische Figur, auf die sich die ganze Sippe in Bittbriefen an die Partei berief, wenn es darum ging, in der Stadt bleiben oder eine Ausbildung beginnen zu dürfen.

Was dabei bis zu einem sehr frühen Sommermorgen, ich muss ungefähr zehn gewesen sein, unter den Tisch fiel: Zwei Tage nach Meleqis Tod war auch Zini gefallen, übrig blieben bloß ihre Schwestern, die nacheinander heirateten. Der Vater war tot, die Mutter alt, altmodisch und vor allem doch zu jung, um hinter einer geschlossenen Haustüre (wie man so sagt, ein weiterer dieser Begriffe, die keiner erklärte, die sich zwangsweise von selbst verstanden) weiterzuleben. Also zog sich die jüngste der Schwestern »die Hosen an«, wie mir meine Großmutter später verschwörerisch zuflüsterte, als wäre damit alles gesagt.

An diesem frühen Morgen – es war vielleicht sieben Uhr, alles schlief noch, außer meine Großeltern, denn meine Großmutter hatte meinem Großvater um Punkt sechs sechs gebratene Eier serviert, die er wie jeden Morgen hinunterschlang, um danach aufzubrechen, in die Kafe Bar Diamant zu seinem gleichnamigen Kumpel und später dann ins Geschäft, das eine kleine Bude war, die er an eine Frau vermietete, die dort Frikadellen briet und verkaufte, und wo er, der Rentner, bloß schweigsam unterm Sonnenschirm saß, was er »sich um das Geschäft kümmern« nannte –, an diesem frühen Morgen also schlief ich auf dem Sofa im Empfangszimmer, das nur benutzt wurde, wenn Besuch kam. Plötzlich riss meine Großmutter die Tür auf und verkündete, ich müsse mir etwas Vernünftiges anziehen. Sie triumphierte, denn seit Jahren warnte sie mich schon, ich könne niemals, und sei es noch so heiß, in Unterwäsche schlafen, was, wenn jemand *vorbeikomme*?

Vor der Haustür stand, die Schuhe abstreifend, mit hochgestecktem grauen Haar und einer Brille à la Helmut Kohl, in schwarzem Hemd und schwarzer Anzughose, mit der mir so vertrauten stabilen Statur meines Großvaters und ungewohnter als alles, was ich je gesehen hatte, Meleqis unverheiratete Schwester Gano.

Meine Großmutter war ganz aus dem Häuschen. Mit sanfter Gewalt hinderte Gano sie daran, alle sofort zu wecken. Ich saß mit geradem Rücken auf dem schwarzen Ledersofa, meine Großmutter schrie, so könne ich Gano nicht unter die Augen treten. Nicht Tante Gano, was nur logisch gewesen wäre, sie war schließlich nicht nur mindestens achtzig, sondern tatsächlich meine Großtante. Wasch dein Gesicht, befahl meine Großmutter, und ich ging und wusch und brachte Gano den schweren Kristallbehälter mit den Süßigkeiten, die sie mehrfach ablehnte, um dann natürlich doch ein Karamell zu nehmen, als hätte Gano jemals irgendeine Etikette verletzt, sie war schließlich eine Frau, die, ganz der Etikette verschrieben, seit Jahrzehnten keine mehr war. An Zeichen dafür mangelte es nicht. Das Offensichtlichste: die Hose. Dann: Sie bot keine Hilfe an. Sie schaute nicht in die Küche zu meiner Großmutter. Sie sagte nichts von den Dingen, die eine Frau zu einer anderen sagt. Sie saß bloß da, breitbeinig, beide Arme auf den Lehnen des Sessels, auf dem sonst nur mein Großvater saß. Ihre Stimme war laut, es tat sich ein Riss auf im Raum, der erst Spalte war, dann Graben, schließlich aber: ein Schlund, eine Senke, und Ganos Sprechen Treibsand.

Keine Frau klang so, wie Gano klang, und auch kein Mann, und doch saß sie da wie einer und gebarte sich wie einer, und das Verblüffendste war, dass meine Großmutter auch mit ihr sprach, als sei sie einer.

Trotz allem war es ihr langes Haar, das mich am meisten irritierte. Es war, als könne Gano sich nicht entscheiden, und das imponierte mir enorm.

Sie setzte sich und sprach über die beschwerliche Busfahrt, deretwegen sie auch, die Mittagshitze in ihrem Alter vermeidend, so früh gekommen war, sprach über den Verkehr, über ihren Cousin, meinen Großvater, und griff sich nach einiger Zeit an die Herzgegend, um eine Schachtel Zigaretten aus der Hemdtasche zu ziehen. Die Marke habe ich vergessen. Als meine Großmutter das Klicken des Feuerzeugs hörte, kam sie wie mechanisch aufgezogen mit einem Aschenbecher aus der Küche. Ich war fassungslos. Noch nie hatte ich eine so alte Frau rauchen sehen. Überhaupt wagte es niemand, in dieser Wohnung zu rauchen und den Zorn meiner Großmutter auf sich zu ziehen. Vielleicht war das der Moment, in dem sich entschied, dass auch ich Raucherin werden würde. Das Universum, wie ich es kannte, und seine Subkategorie, das Universum der Sommerferien, wie ich es kannte, verschoben sich um einen halben Meter. Ich starrte völlig unverhohlen, bis Gano meinte, ich solle mich etwas zur Seite setzen, Rauch sei nicht gut für Kinder, und ich stumm gehorchte.

DER AUTOR IRRT SICH

Thema
Ich bin Dichter. Das macht mich interessant.
Darüber schreibe ich.
Über den Rest auch – soweit wortgeworden.

WLADIMIR MAJAKOWSKI,
WIE MACHT MAN VERSE? ICH SELBST

Wir saßen im Spreegold, Stargarder Ecke Schönhauser, und aßen veganen Nusskuchen. Ich trank einen Cappuccino, und Herr Scherstjanoi trank einen Americano, den er mit zusammengebissenen Zähnen bestellt hatte, nachdem die Kellnerin »einen normalen Kaffee« nicht hatte gelten lassen. Jeder Sitzplatz hatte seine eigene Steckdose. An jedem Platz lag außerdem eine papierne Platzmatte, auf der die Orte für »plate«, »first drink« und »second drink« eingekreist waren. Ich hatte gesagt, ich komme gern in den Prenzlauer Berg, und war noch außer Atem von der langen Fahrt, war irgendwo an der Siegessäule falsch abgebogen. Herr Scherstjanoi hatte sofort dieses Lokal vorgeschlagen, an dem er, wie mir nun klar wurde, ebenso wie ich nie zuvor gewesen war. Wir aßen. Herr Scherstjanoi hat sehr helle Augen, nicht blau, eher durchsichtig, wie Regenwetter. Als ich zugab, nicht mehr Medizin zu studieren, lehnte er sich zurück und schaute lang und traurig auf einen

Punkt hinter meiner rechten Schulter. Dann sagte er: Aber denken Sie an Tschechow, Bulgakow. Ich versicherte ihm, dass ich nie an etwas anderes dächte. Wir hatten es eilig, das Café zu verlassen, wir liefen um den Block. Er erzählte von Jochen, »er war mein erster Freund in Berlin«, von Jochen, der eigentlich Joachim hieß, den manche auch Achim nannten und er, Scherstjanoi, Jaschka. Jochen, den er Anfang der Achtzigerjahre kennengelernt hatte, als Scherstjanoi aus dem erzgebirgischen Aue nach Ostberlin gezogen war, Jochen, der als Maler Mitglied im Verband der Bildenden Künstler der DDR gewesen war und als solches in jenen Tagen einen Antrag stellte, weil er sich in Westberlin die Bilder Max Beckmanns ansehen wollte. Zu aller Überraschung wurde der Antrag genehmigt, und Jochen machte sich auf zum Grenzübergang Friedrichstraße, auf dessen anderer Seite nicht nur Quappi mit ihrem Papagei auf ihn wartete, sondern auch der ganze goldene Westen – eine Gegend, die er noch nie betreten hatte. Am Abend kam Jochen wieder zurück, womit Scherstjanoi nicht unbedingt gerechnet hatte. Jochen war, wie man heute sagen würde, ganz und gar underwhelmed vom Westen. Er verlor nicht viele Worte darüber. Von Scherstjanoi gefragt, ob er nicht ans Weggehen, ans Dortbleiben gedacht hätte, meinte er: Ich will im Prenzlauer Berg leben und meine Mitmenschen malen. Enis, das hat er gesagt, Mitmenschen, verstehen Sie, sagte Scherstjanoi und weiter: Ich wäre sofort gegangen. Ich hatte die Schnauze voll vom Sozialismus, nicht aber

Jochen, nein, und jetzt ist Jochen tot, und ich bin froh für ihn, dass er das hier nicht mehr erleben muss, fuhr Scherstjanoi fort und las ein paar Reklametafeln vor: Nguyen Sushi, Fitness First, Mexican Food, E-Zigarette 24 Berlin, Toner-Dumping, Sans Souci Parkett, Thomas-Mann-Grundschule, OiShii-Hotdogs, cityroom Berlin Apartments undsoweiter. Ich fragte mich, ob auch Scherstjanoi die Geschichte der Buddenbrooks als eine Parabel auf die Degeneration einer bourgeoisen, von den Produktionsmitteln und den Arbeiterinnen gleichermaßen entfremdeten Familie kennengelernt hatte. Die Mauern der Thomas-Mann-Grundschule waren hellgelb, unwillkürlich tastete ich mit der Zunge nach meinen Backenzähnen, als sich zwei stupsnäsige Blondinen nölend an uns vorbeischoben, der Bezirk pulsierte aufs Vitalste, es war: die blanke Lebensfreude.

Jeden Morgen gehen sie an die Arbeit,
mischen Zement, schleppen Steine herbei,
sie bauen eine Stadt, doch es wird nie eine Stadt sein,
sie bauen ein Denkmal ihrer Einsamkeit.

JOSEPH BRODSKY, *DIE VERBEN*

Was visuelle Poesie ist, hatten wir bei Herrn Scherstjanoi lernen sollen. Was wir noch gelernt hatten: Was sie nicht ist. Wer seine Abgötter sind, wie er sagt, und warum. Wer Obsession bedeutet und was eine Abschweifung. Und wie man immer, und sei es noch so unwahrscheinlich, die roten Fäden einer Geschichte in der Hand behalten kann, Scheherezade nicht ganz unähnlich. Es ging um Schwitters und Haussmann, Pound und Marinetti, Chlebnikow und Brodsky, Müller und Arp, Charms und Herrndorf, und immer immer wieder ging es um Majakowski, völlig zu Recht natürlich. Ich begriff zum ersten Mal die Fragen nach dem Wind und den Zeichen, die ihn ankündigen. Ich glaubte – vermessener geht es kaum – zu verstehen, was der Krieg in der Ukraine sollte, und ich verstand meine Eltern, viel besser zumindest. Wöchentlich war ich im Begriff, das Seminar abzubrechen, weil ich den Wust an Information und Raserei nicht länger aushalten wollte. Es wäre ein Fehler gewesen. Ich verstand den Ort, an dem ich studierte, endlich als historische Entität und sah Ronald M. Schernikau durch die Gänge spuken. Ich lieh mir Gedichte von Elke Erb und Helga M. Novak aus. Auf Sarah Kirsch bin ich noch immer schlecht zu sprechen, ich finde, sie hätte es bei Ingrid Hella Irmelinde belassen sollen, alles andere ist peinlich. Jede Woche erwähnte Scherstjanoi mindestens einmal den Künstler und Dichter Carlfriedrich Claus, aber ich hatte andere Probleme, ich konnte nicht alles lesen, was ich bereute, denn wenn man Scherstjanoi glauben konnte, und das musste man, dann war Claus einfach alles: Kommunist, Eremit, weise – ein Hundertzwanzigprozentiger.

La parole est une hystérie qui relève de la frustration qui par ailleurs la compense. Vous êtes si loin. Soyez sage – planant – a bientôt –

Sophie Podolski, *Le pays où tout est permis*

Ich fuhr nach Hannover, um Darja zu besuchen. Sie ist meine älteste Freundin. Für gewöhnlich sitzen wir in der Küche, die dreckigen Teller stapeln sich im Ofen, die vollen Müllbeutel unter der Spüle, wir trinken Yogitee und lesen die Sprüche aufmerksam, wir rauchen und rauchen und verlassen die Wohnung für einen Einkauf und einen kurzen Spaziergang an der Leine. Vor dem Ihme-Zentrum setzen wir uns meist auf eine Bank, und Darja spricht über die Schönheit der Plattenbauten im Abendlicht, über Nachbarn, die einem beim Einzug die Möbel aus dem Fahrstuhl klauen und vorgeben, sie für Sperrmüll gehalten zu haben, über die obligatorischen Tischtennisplatten, an denen man sich trifft, wie sich einst, in einem Land vor unserer Zeit, Beate und die Uwes trafen, über die großen Tragödien, Solidarität und Freude und die riesigen Balkone im 17. Stock, und wir sitzen auf der Bank und trinken Rotkäppchen-Sekt und sehen dabei zu, wie im Ihme-Zentrum ein Licht nach dem anderen angemacht wird, gelbe Lampen und blaue Fernseher.

Auf dem Weg nach Hannover las ich in Roberto Bolaños Erzählungsband *Mörderische Huren*. In der Geschichte *Vagabundieren in Frankreich und Belgien*, in der Bolaños Alter Ego B, ein chilenischer Dichter aus

Mexiko, französische und belgische Antiquariate auf der Suche nach den unbekannten Idolen seiner Jugend durchstreift, steht auf Seite 78:

[...] unternimmt er einen Streifzug durch die Antiquariate und findet eins in der Rue du Vieux Colombier, wo er eine alte Ausgabe der Zeitschrift ›Luna Park‹ entdeckt, die Nummer 2, eine Monographie zum Thema Typographie oder Schriftgraphik, mit Texten oder Zeichnungen (der Text ist die Zeichnung und umgekehrt) von Roberto Altmann, Frédéric Baal, Roland Barthes, Jacques Calonne, Carlfriedrich Claus, Mirtha Dermisache, Christian Dotremont, Pierre Guyotat, Brion Gysin, Henri Lefebvre und Sophie Podolski.

Die Zeitschrift erscheint oder erschien dreimal jährlich unter Federführung von Marc Dachy, herausgegeben in Brüssel bei TRANSédITION, und hat oder hatte ihren Geschäftssitz in der Rue Henry van Zuylen Nr. 59. Roberto Altmann war zu seiner Zeit ein berühmter Künstler. Wer erinnert sich heute an Roberto Altmann? Das Gleiche gilt für Carlfriedrich Claus. Pierre Guyotat war ein bemerkenswerter Schriftsteller. Aber bemerkenswert ist nicht gleichbedeutend mit erinnerswert. Tatsächlich wäre B gern so gewesen wie Guyotat, zu einer anderen Zeit, als B jung war und die Werke von Guyotat las. Der kahle, saft- und kraftvolle Guyotat. Der Guyotat, der jeder Frau in der Dunkelheit einer chambre de bonne gleich an die Wäsche gegangen wäre. An Mirtha Dermisache erinnert er sich nicht, aber ihr Name sagt ihm was, möglicherweise eine schöne Frau, ganz sicher eine elegante Frau. Sophie Podolski war eine Dichterin, die er und sein Freund L schon von Mexiko aus schätzten (man könnte sogar sagen liebten), als B und L dort lebten und kaum älter als zwanzig waren. Roland Barthes, nun gut, jeder weiß, wer Roland Barthes ist. Von Dotremont sind ihm vage ein paar Dinge bekannt, vielleicht hat er Gedichte von ihm in einer verlorengegangenen Anthologie gelesen. Brion Gysin war der Freund von Burroughs, der ihn auf die Idee der Cut-ups brachte. Und schließlich Henri Lefebvre. B kennt Lefebvre gar nicht. Er ist der Einzige, den er überhaupt nicht kennt und dessen Name in jenem Antiquariat plötzlich aufleuchtet wie ein Streichholz in einem dunklen Zimmer. Zumindest empfindet B es so.

»Der Text ist die Zeichnung und umgekehrt« ist natürlich genau die Definition von visueller Poesie, die sich korrekt anfühlt, weil sie korrekt ist, und die Scherstjanoi in aller Einfachheit im Seminar zumindest nicht hätte gelten lassen, weil sich hinter so einem Satz ganz einfach verstecken lässt, dass man vielleicht verstanden, nicht aber verstanden hat.

Ich las also diese Seite und musste an Scherstjanoi denken. Wenn ich nichts von Carlfriedrich Claus geahnt hätte, hätte ich angenommen, die meisten der Autorinnen auf dieser Seite seien ausgedacht gewesen, Fiction,

Non-Fiction und all das, doch ich wusste es ja besser. Alte Ausgaben der *Luna Park* lassen sich, wie ich mittlerweile erfahren habe, noch heute auf Amazon erwerben, die besagte scheint aber nicht darunter zu sein. Im IC war die Internetverbindung meines Telefons schlecht. Trotzdem versuchte ich, jede der Dichterinnen zu ergooglen. Der Schaffner, personifizierter Verlierer der großen DB-Erfolgsstory, die natürlich auf den Gleisen in die Konzentrationslager begonnen hat, der Schaffner, seit dem Börsengang des Unternehmens erst zum bloßen Kartenabreißer degradiert, ist jetzt auch noch zum Kaffeeverkäufer geworden. Der also kam vorbei und bot uns Reisenden Lavazza-Kaffee in einer Schnabeltasse mit neuartiger Aufschüttetechnologie an, ich willigte ein, der Schaffner lief weiter, ohne meine Vielfahrerbahncard einzuscannen. Sie glänzt silbern und vertrauenserweckend, und ich habe Zutritt zu allen DB-Lounges des Landes – dass dieser Status Eindruck machte, verstand ich nur zu gut. Ich trank also und tippte eine E-Mail an Scherstjanoi ins Telefon, danke für das tolle Seminar, musste an Sie denken, weil ich bei Bolaño auf Claus stieß, dazu ein Foto von Seite 78, schöne Grüße aus Hannover (wo ich ja noch gar nicht war), Enis; an mir zog die niedersächsische Tiefebene vorbei, es handelte sich um die zweitlangweiligste Zugstrecke Deutschlands, untertroffen nur noch vom Abschnitt Leipzig – Berlin über Lutherstadt Wittenberg.

Ein paar Tage später antwortete Scherstjanoi. Es war eine freundliche E-Mail, in ihr Sätze wie diese:

[...]

NB: André Breton fühlte sich von dem französischen Psychotherapeuten Pierre Janet inspiriert und so kam er auf écriture automatique.

[...]

Im Jahre 1982 habe ich Carlfriedrich Claus auf der IBA-82 in Leipzig kennengelernt. Im Katalog figura 3 (Verlag der Kunst in Dresden, meine erste Mitarbeit an einem Kunstkatalog ...) waren viele Belgier vertreten, viele kannten Claus, unter ihnen wurden die visuellen Arbeiten von Sophie Podolski (Schizophrenie und Freitod mit Anfang 20) gezeigt. Viele Bilder in der Moritzbastei. Sie haben mich daran erinnert. Ich erinnere mich daran.

[...]

Viele sind tot. Ist es möglich?
Claus und Mayer sind tot. Pierre Garnier und Podolski, Dotremont und Bernard Heidsieck ...

Ich bin dagegen, ich habe was dagegen. Die Toten wissen es.

[…]

Der Autor irrt sich.

Weiß jeder, wer Barthes war/ist?
Wer Claus war/ist?
Man kann ohne diese Fragen gut weiterleben.

[…]

Und dann schickte er mir das Cover des besagten IBA-Katalogs, ein Gedicht von Sophie Podolski und eine E-Mail, die nichts weiter enthielt als, in Schriftgröße 24, die Worte und Zahlen:

Roberto Bolaño 1953-2003

Ich blickte vom Bildschirm auf und durch die Fenster des Wintergartens, die Sonne schien durch die Bäume und strahlte Pascal an, der am anderen Ende des Tisches saß, vor sich hinstierte und von Zeit zu Zeit, ganz langsam, ein einzelnes Wort, manchmal auch zwei oder drei, tippte. Vor seinen Augen spiegelten sich, doppelt, das Fenster, der herbstliche Baum; das ganze leuchtende Sachsen lag verborgen auf den Gläsern seiner Brille, und er sah durch es hindurch. Der Tisch war ein bisschen zu niedrig, bald würden wir Bucklige sein. Der Aschenbecher quoll über. Ich hielt noch immer meinen Teller in der Hand, der Spaghetti in einer wie immer zu scharfen Tomatensoße enthielt, und konnte es noch immer nicht fassen. Ich bin dagegen, ich habe was dagegen Punkt. Der Autor irrt sich Punkt. Man kann ohne diese Fragen gut weiterleben PUNKT. Natürlich kann man ohne diese Fragen gar nicht leben. Natürlich ist ein Leben ohne diese Fragen noch nie im Bereich des Möglichen gewesen. Diese Fragen sind der Fels, auf den ich meine Kirche baue. Sie sind ein bekömmliches Substrat. Diese Fragen bringen sich in Lohn und uns das Brot. Sie sind ein lächerlicher Zeitvertreib, und damit sind sie eine der Wahrheiten des Schreibens. Ist es möglich Fragezeichen. Ja und Nein. Mich überkam ein komischer, kindlicher Wille, mich zu bewegen, ich stand auf, aber das kunstlederne Sitzpolster des Cocktailsessels blieb an meinem Hintern kleben, ich setzte mich wieder, der Impuls war so schnell implodiert, wie er gekommen war, und ich enttäuscht über mich.

In den folgenden Wochen las ich einer Menge Leute die E-Mail vor. Die meisten waren, wenn ich vorzulesen begann, schon zunehmend ungeduldig geworden, der langen Vorgeschichte wegen, aber irgendwann, nach ungefähr zwei Dritteln der E-Mail, hab ich sie alle gekriegt, haben alle mit offenem Mund dagesessen, gerührt von diesem Schriftstück und das, was auf Englisch »humbled« heißt. Trotzdem schaffte ich es über Monate nicht, zu antworten. Viel später, in Berlin, konnte ich mich endlich dazu durchringen. Es war, als hätte ich gefürchtet, die Ganzheit der Nachricht durch weitere, weniger spektakuläre Worte zu kompromittieren, was sich im Nachhinein natürlich als unbegründete Sorge herausstellte. Das hätte mir von Anfang an klar sein können, wäre ich etwas aufmerksamer gewesen, denn das Spektakuläre, bei Scherstjanoi genauso wie bei Bolaño, liegt ja eben nicht in der Art der Worte, sondern in einer Haltung, die Ruhe ist und Friede und Gefrierbrand und Gefahr und Demut und Sicherheit und wahnsinnige Freude über das Schöne. Ich antwortete also und las mir dann noch einmal jede E-Mail, die Scherstjanoi und ich je ausgetauscht hatten, durch. Die meisten waren Rundmails mit Unterlagen für das Seminar, Links, Bilder, Texte, die vorvorletzte E-Mail aber war von mir, ich bat um Entschuldigung für die kurze Verspätung und schickte ihm meine Seminararbeit, ein PDF, NOTIZEN15, ein Konglomerat aus Fotos und Screenshots von iPhone-Notizen aus dem Sommer 2015, den ich in Albanien verbracht hatte, wo ich meine Großeltern in Tirana besucht und mit meinen Eltern und Geschwistern am Strand gedöst hatte, sechs Wochen lang. Das Dokument war mein Versuch, mir einen Reim auf visuelle Poesie zu machen, und natürlich war es furchtbar. Die Fotos waren noch das Beste daran. Sie nahmen immer eine ganze Seite ein, unter den schönsten war eines aus dem kargsten unserer Ferienhauszimmer, darauf abgebildet: eine Neunzigerjahre-Schlafzimmergarnitur mit einem großen, unerklärlichen Rohr auf dem Bett, die wenigen kürzlich aussortierten der »Zeitungen mit interessanten Artikeln drin« meines Großvaters, die er seit 1991 in Quartalsbündeln verschnürt sammelt, und eine kleine PET-Flasche neben einem Dutzend Zwiebeln, das auf dem Boden vor dem Ganzkörperspiegel liegt, in den hinein ich fotografiert hatte, um die Assemblage zu dokumentieren, was man an meinem braungebrannten Arm mit Telefon erkennt, der ins Bild ragt. Mit den Screenshots meiner Notizen hatte es etwas ganz anderes auf sich. Sie waren als Sammlung zu verstehen, ich hatte sie gesammelt, sie hatten mich gesammelt, in jenen überbelichteten Momenten, in denen ich auseinanderzugleiten drohte. Ich hatte sie, wie die Fotos auch, ausgedruckt und dann noch handschriftlich verändert und kommentiert, bevor ich sie wieder einscannte. Sie waren mein Rückgrat, ich hatte sie für mich allein. Später, über den Computer gebeugt, las ich alle.

Wir hingegen denken, daß die Sprache vor allem Sprache zu sein hat, und wenn sie schon an irgend etwas erinnern soll, dann am ehesten an eine Säge oder an den vergifteten Pfeil des Wilden.

Welimir Chlebnikow und
Alexei Krutschonych

Mein Flug hatte Verspätung, ich verbrachte also Stunden in der Wartehalle des Mutter-Teresa-Flughafens in Rinas. Zu meiner Rechten saß ein gesellschaftlich engagierter Holländer, der seit fast zwanzig Jahren jeden Sommer hierherfuhr, um das von ihm und anderen geförderte private Waisenhaus irgendwo auf dem Land zu besuchen. Er war sehr rot im Gesicht, und wir fachsimpelten über die Schönheit Albaniens und die Bedeutung der Begriffe »Holland« und »Niederlande«, bis sein Flug nach Amsterdam ausgerufen wurde. Zu meiner Linken saß eine Gruppe Frauen, manche waren Emigrantinnen, andere waren aufgebrochen, um ihre Kinder im Ausland zu besuchen, sie hatten sich offensichtlich hier auf dem Flughafen angefreundet und diskutierten angeregt die politische Lage, sowohl die nationale als auch die europäische, sowie deren Abhängigkeit von der Gnade Amerikas, wie sie sagten. Ich vermisste ihre Gesten, ihre Mimik, ihre ganze Art zu sprechen schon, als sie noch vor mir saßen. Diese Sehnsucht hat keinen Namen, sie hat nur Vergleichsmomente, wie das Gefühl im Bauch beim Durchfliegen eines Luftlochs. Die Frauen waren laut, ein bisschen vulgär (das aber leise!) und verkündeten bester Dinge, dass wir alle unser ganzes Leben lang Idioten geblieben seien, dass der Zustand der Idiotie, in dem der kleine Mann, zu dem auch sie sich zählten, verharre, ein nahezu pathologischer sei. Die poetischste von ihnen meinte, dass alles eine Frage der Bildung, der Erziehung sei, indem sie feststellte, sogar der Baum, der bloß aus Holz sei, was auch so viel bedeuten kann wie »dumm sein«, sogar der hölzerne Baum also, der zwar dumm sei, aber auch nur eine Aufgabe habe, das Wachsen nämlich, könne nicht einmal diese erfüllen, wenn man ihn nicht an einen Stock zurre, wenn er noch klein sei und zart, sonst wachse er nie gerade, aufrecht der Sonne entgegen, und die anderen murmelten zustimmend wie ein angeschwollener Bach, angeschwollen wie ihre wogenden Mütterbusen, angeschwollen wie ein Mückenstich, ein blaues Auge, eine Verheißung.

Im Frühjahr, im Herbst, wenn Stürme in breiter Front heranjagen, fungiert die Stadt als offener Gegen-Stand, der die untersten Schichten der Luftmassen teils bricht, teils durch Straßen umlenkt. Gegen-Wellen. Turbulenzen. Brandung. Oben im Sturm im Morgengrauen Dohlen-, Krähen-Schwärme,-: von ihren Schlafbäumen kommend kreisen sie über Kennungen wie St. Annen im Luftmeer, mit seinen Böen, Aufwinden, dem Wirbeln. [...] Was heißt das: Ort der Geburt, Orte des Lebens, Ort des Sterbens? Gibt es Wechselwirkungen zwischen zunehmender Mobilität und Offenheit? Sichtbar wird der ungeheure Abstand, die Fremdheit zwischen Mensch und Mensch. Aber auch Lächeln. Freundlichkeit. Lachen. Er kehrt immer neu wieder, ist ununterdrückbar, der Wille, den Traum wahrzumachen: Freiheit Gleichheit Brüderlichkeit.

Carlfriedrich Claus, *Ort des Windes*

Manchmal, beim Lesen einzelner albanischer Wörter, stolpert es in meinem Kopf, und aus einem Wort wird ein anderes, deutsches, und ich lese zum Beispiel »e barabarët«, »gleich, gerecht« und denke »Barbaren«, wobei ich, zu allem Überfluss, in ähnlichen Situationen oft auch ein anderes albanisches oder gar englisches

Wort erkenne anstelle des korrekten Begriffs. Irgendwie ist das immer mehr als eine bloße linguistische Fehlleistung, vielmehr legt der Fehler erst die Bedeutung in das Wort, oder anders: Das Wort ist ein Boot, und wenn nur die eine Bedeutung nahe dem Bug sitzt, droht es unterzugehen, gerettet nur durch das glorreiche, fehlerhafte Auftauchen der zweiten Bedeutung im Heck, die alles rettet, was nicht mehr zu retten ist.

Ich hatte nicht alles lesen können, ich hatte andere Probleme. Aber genau an dem Schnittpunkt zweier Kurven, wobei Kurve A die steil ansteigende Anzahl der Probleme markiert, während Kurve B die konstant niedrigbleibende zugestandene Relevanz dieser für das eigene Leben kennzeichnet, befindet sich der Moment, an dem das trotzige Lesen im Angesicht der irrelevanten Feinde und Nöte das Licht der Welt erblickt. Und so kam es, dass ich in einem schönen Mai mit einem ziegelsteinschweren Buch, nämlich *2666* von Roberto Bolaño, durch Wien spazierte. Ich war dort, um ein Kurzdrama zu inszenieren, und wohnte in einem mit ausgesprochen schlechtem WLAN ausgestatteten Zimmer bei einer Operndramaturgin, wo ich abends heimlich am Fenster rauchte und zum Einschlafen alles, was der österreichische Privatsender ATV zu bieten hatte, binge-watchte, während ich den Rest des Tages auf der Probe verbrachte und in der Stadt, im Kaffeehaus oder im Prater, wo ich mich über die Geschichte des größten deutschen Schriftstellers und die Frauenmorde von Sonora informierte. Einmal riss sich einer der Schauspieler in einem melodramatischen Moment das Kostümhemd vom Leib, und doch sprang kein Knopf. Er tat das damals sicher nicht zum ersten Mal und deutete probeweise an, er ließe sich von mir nichts sagen, und schon gar nichts, was zur Kürzung seines Textes, den er ohnehin nicht beherrschte, führen würde. Die Realityformate auf ATV ließen Frauentausch wie eine arte-Sendung wirken, ich arbeitete zwölf Stunden am Tag und war überhaupt sehr allein. Jeden Morgen fragte ich mich also, bei einer Melange vor der mittlerweile geschlossenen Aida-Filiale am Schwedenplatz sitzend: Wo ist Benno von Archimboldi?

drei sprachen sind zu gross für deinen mund, mein kind …

DAGMARA KRAUS, *ÇATODAS*

Wir gingen die Runde zum zweiten Mal. Scherstjanoi sagte, ich bin so stolz, so stolz, verstehen Sie, dass es peinlich ist, aber mittlerweile bekomme ich einen Brief von den Behörden, dem Finanzamt und so weiter, und ich kann ihn ohne Probleme beantworten, ich verstehe alles, alles, sagte Scherstjanoi, es hat lange gedauert, ich habe Deutsch studiert, ich habe hier so lange gelebt, aber erst seit kurzem habe ich das Gefühl, diese Briefe wirklich, tatsächlich zu verstehen, sie intuitiv zu begreifen, ist das nicht verblüffend? Und ich erzählte ihm von meinen Eltern und der umgekehrten Ausbildung ihrer deutschen Gesprächskompetenzen aus ihren Behördenbriefintuitionen heraus und fragte mich, ob ich jemals einen so gesunden Zustand im Einklang mit meiner Post erreichen würde wie mein Lehrer, wo ich doch schon im Zug, konfrontiert mit dem Kaffeeverkäufer-Schaffner-Kontrolleur, jedes Mal trotz silberner Bahncard und gültigem Fahrschein erzittere, als wären es Vater-Sohn-Heiliger Geist und ich ein Apostat.

Dann schlossen wir unsere Fahrräder auf und schoben sie noch ein Stück gemeinsam. Scherstjanoi schien ein bisschen enttäuscht, dass meines nicht nur schlecht in Schuss war (verzeihlich), sondern auch keinen Namen hatte, seines heißt Makarewitsch, nach dem erst sowjetischen, dann russischen Frontsänger der Rockband Maschina Wremeni (Zeitmaschine), bekannt durch Hits wie *Poworot* (Die Kurve) oder *Kartonnye krylja ljubwi* (Papierflügel der Liebe). Manchmal, sagte Scherstjanoi, mache es ihn sehr froh, sich Musik anzuhören, die seinem eigenen ästhetischen Programm nicht entspreche, und das, obwohl Makarewitschs Texte mitunter sehr traurig seien, dann verabschiedeten wir uns, ich rollte die Pappelallee entlang und sang: Don't go chasing waterfalls / Stick to the rivers and lakes that you're used to.

ÜBER GEHEIMNISSE (PLÄDOYER)

Es geht nichts über eine gut gesetzte Lüge, ausgenommen: eine gut gesetzte Auslassung. Jede Information, die ich preisgebe, ist ein Ziegel in der Mauer zwischen dir und mir. Nicht umsonst ist es um ein Vielfaches schmerzhafter, mit den Falschen seine Wunden zu lecken, als es allein oder gar nicht zu tun. Meine Omma sagt: Offenbare dich deinem Mann nur von der Hüfte abwärts. Peter Handke ergänzt: Von dem, was die anderen nicht von mir wissen, lebe ich.

Die Frage nach der Anzahl verbindlicher Realitäten ist eine Frage nach der Anzahl sagbarer Lügen. »Ich finde dich interessant« ist kein Kompliment; es ist der Moment, in dem die Bezeichnete zum Exponat wird. Authentizität ist eine Lüge, Echtheit eine Notwendigkeit.

Einmal mit der Zunge schnalzen für ein Nein ist Ausdruck jener Effizienz, die ich mir wünsche. Das Gleiche mehrfach – sagen wir: fünfmal – tun heißt verschwiegen mitfühlen. Der Volksmund sagt: Die Kunst ist, viel von sich zu sprechen und nichts zu erzählen. Trau keinem Volksmund.

Es gibt einige ausgesprochen relevante Redensarten. Zu diesen gehören: Da ist das Geld nicht zu Hause.

Hier ist der Wohlstand ausgebrochen. Beggars can't be choosers. Das Kind mit dem Bade ausschütten. Eine kaputte Uhr geht auch zwei Mal am Tag richtig. Stirbste, seufzte; stirbste nicht, seufzte auch.

Doch bist du wenigstens nicht so wie die, du bist kein ehrliches Rindvieh, singen Tocotronic. Die Offenlegung der Zwänge bedeutet noch lange nicht die Offenlegung der Geheimnisse.

Wie ermittle ich eine relevante Halbwertszeit?

Ich baue mein Haus in die Lücken deiner Vorstellungskraft. Versäumen wir es, die Lücken zu hegen, müssen wir uns trennen. Der Volksmund lügt nicht, wenn er die Beschaffenheit sozialer Kontakte so charakterisiert: Zieh am Seil, zerreiß es nicht.

Möglicherweise wissen wir nichts von den intelligentesten aller Lebewesen. Gewaltige, Staatsgrenzen durchkreuzende Pilzmyzele, Gemeinschaften von Viren, das vorzugsweise in Konserven siedelnde Bakterium Clostridium botulinum, Flechten auf Spitzbergen, der Riesenkalmar oder gar Prionen könnten alle um ein Vielfaches klüger sein als wir. Es gibt keinen Grund, für keinen von ihnen, uns von ihren mutmaßlichen Fähigkeiten zu erzählen, ganz im Gegenteil.

Sein Rückgrat hat man nur für sich alleine, sagt mein Vater. Meine Mutter sagt, Sido und Wagner haben mehr gemeinsam, als man denkt. Sie wissen noch immer nichts über meine Familie.

Eine gute Freundin ist keine Richterin. Sie ignoriert die Widersprüche in der Geschichte.

Gerade diejenigen Partikel, von denen man sich nicht sicher ist, ob sie im strengeren Sinn Lebewesen sind, sowie jene, bei denen man sich sicher ist, dass sie es nicht sind, gerade Viren und Prionen also, könnten ungeahntes Wissen, dem Menschen Unbegreifliches in sich bergen. Bei einem Prion handelt es sich um ein fehlgefaltetes Protein, das jedem anderen Protein, das es berührt, seinen Fehler schenkt. Im menschlichen Gehirn äußert sich die Anwesenheit von Prionen durch Löcher in der Hirnsubstanz, durch einen Mangel an sinnvollem Gewebe. Das Prion ist ein Auslöscher; es ist sprunghaft. Wir begreifen es nicht, so sehr wir uns auch bemühen. Halt, sagt die Biologin, von Leben kann da gar nicht die Rede sein; allein, ohne Wirt, kann das Prion nicht existieren – ein schwaches Argument, denn das gilt ja auch für den Menschen auf dieser Erde.

Den vorsichtig kuratierten Umgang mit Wissen »über mich« praktizieren echte Könnerinnen seit Jahrhunderten, und das weiß nicht nur meine Omma. »Sag mir deins, und ich sag dir meins« ist ein ausgesprochen dün nes Eis, ist eine Gefahr, die es sich vermutlich nicht einzugehen lohnt. »Vermutlich« ist ein weites Feld. Und »Gefahr« erst.

Ein letztes, wichtiges Sprichwort: Schuster, bleib bei deinen Leisten. Sing lieber mit TLC: Don't go chasing waterfalls, please stick to the rivers and the lakes you're used to. I know that you're gonna have it your way or nothing at all, but I think you're moving too fast.

Nichts und niemand kann dich flicken. Ficken ja, flicken nein. Man ist sich gegenseitig viel weniger verpflichtet, als man annimmt. Das ist alles freiwillig.

Was verspricht Linderung, wenn es kein Geheimnis ist?

Ausnehmend schöne Stellen am anderen sind gerade solche, die man (so) nicht kennt, die also – auch wenn das unwahrscheinlich ist – noch ein Geheimnis bergen könnten. Beispiele sind: der schmale unbehaarte Streifen zwischen Ohrknorpel und Bart, unterhalb der Schläfe; die Kuhle, die von den beiden großen Kopfwendern, dem Adamsapfel und dem Brustbein begrenzt wird; ein unscheinbares Stück Haut über dem Bauchnabel – als hätte man selbst keinen Bauchnabel.

Wenn ich kein Geheimnis mehr habe, wenigstens eines, das ich perspektivisch irgendwann einmal mit dir teilen könnte, gleichsam ein Ass im Ärmel, dann kann ich gehen. Die Wahrheit ist in aller Härte – Schienbeine, Diamanten, Mädchen.

Schlaf mit keinem Mann, den du dir nicht als Vater deiner Kinder vorstellen kannst, sagt meine Mutter. Kürzlich hat sie mir gebeichtet, dieser Ausspruch werde Gloria von Thurn und Taxis zugeschrieben – was sich nicht belegen lässt –, doch sie, meine Mutter, habe ihn zuerst gedacht.

Erzählen ist Krieg, besonders, wenn man sich nichts ausdenken will.

Die besten Dokus handeln vom Unbekannten. Das macht ihre ganze Heilsamkeit aus, zum Beispiel nach ausführlichen Nächten, Panikattacken oder Stress ohne Grund. Kleine Auswahl: *Phantom der Tiefsee – der Riesenkalmar* (er liegt mir wirklich sehr am Herzen), *Mythen der Geschichte: Das Bernsteinzimmer*, *Das war Atlantis*, *Leben wir auf der Innenfläche einer Hohlkugelerde?* (hier handelt es sich um Naziesoterik, einen Themenkomplex, der für Fälle großer Schwermut reserviert ist), alle Vorlesungen über Quantenphysik von Professor Walter Lewin (über diejenige Fachrichtung der Physik also, die sich mit dem gleichzeitigen Da-Sein und Nicht-Da-Sein von Dingen beschäftigt – einem Phänomen, das der Praktikerin bereits aus dem Chat bekannt ist).

Sean Paul singt: My lovin' is the way to go. Schwanz ist Schwanz, meint ein Freund zu mir, und weiter: Du solltest wirklich mal was Witziges schreiben.

Ilse Aichinger schreibt: Ich fragte wie fast jeder vieles in der Zeit des Heranwachsens. Nach dem Staat fragte ich nicht. Quhet gjuha e nënës, por është edhe: një krismë, një nxirje, një gjë pa zot. Wir suchen eine gute, eine quantifizierbare Lücke. Ihr Name liegt uns auf der Zunge. Es ist diejenige, in die man sich einnisten kann, nicht wie ein Parasit, sondern wie eine Schwalbe. Es ist der Ort unter einem Vorsprung, und das, was wir uns voneinander erzählen, ist der Vorsprung. Man richtet sich darunter ein, in diesem Zwischenraum, der genau der eigenen Körperform entspricht, inklusive der Tiefen unserer Bauchfalten, der winzigen Pyramiden unserer Mitesser und unserer rudimentären Schwimmhäute. Man fühlt: Dieser Zwischenraum ist ewig, es gibt keine Zwischenzeit.

Don't ask where I'm from. Ask where I'm a local, sagt Taiye Selasi.

Wenn ich dich heute nicht finde, find ich dich morgen?

Where I'm a local ist das letzte Hemd, ist: ein Aufbäumen.

Du denkst immer, du bist besser als die anderen. Aber das bist du nicht. Du bist nicht besser als die andern und nicht schlechter als die andern, sagte ein Mann beim Kinder-Karate zu seinem Enkel. Dieser Oppa hat die präzise Brutalität, die es braucht, um ein offenes Geheimnis im richtigen Moment total zu enthüllen. Ein wertvolles Talent!

Es gibt Menschen, die die Versehrtheit, die Emigration auch bedeutet, kennen und nicht mehr fürchten, und dann gibt es noch die anderen. Manche Gespräche – es sind nicht viele – sind nur zwischen Mitgliedern einer dieser Gruppen wirklich sinnvoll, auch wenn dadurch das hehre Ideal des Dialogs untergraben wird.

Das Schöne an einem Facebook-Post ist, dass er etwas Belanglosem gerade die Strahlkraft verleihen kann, die es nicht verdient.

Lückenlos lieben heißt: nicht lieben. Das Wichtigste ist the way you carry yourself. Every now and then I fall apart, singt Bonnie Tyler. Was zum Schönsten gehört: die Selbstverständlichkeit, mit der man sich über das wundert, was man liebt. Oder auch: die Kroketten, die es bei meinen Kindheitsfreunden anscheinend stets zum Abendessen gab. Erkennen, dass deine Freunde und du sich unterscheiden: anders geformte Nagelbetten, andere Ellenbogen, Ohrläppchen, nicht einmal der Haargummiknick im geöffneten Haar ist ein ähnlicher. Als erwachsener Mensch auswärts übernachten und die dazugehörigen Fremdheiten: der Geruch der Bettwäsche, die Methode der Kaffeezubereitung, zu welchem Zeitpunkt Fenster geöffnet, Blumen gegossen, Socken angezogen werden. Ich nehme an, das bei Laurie Pennie gelesen zu haben: Die romantische Liebe im Kapitalismus ist gleichzeitig alles verzehrend und prekär. Die Fugees singen: My girl pinched my hips to see if I still exist.

Wohlstand bricht aus wie zum Beispiel die von Prionen ausgelöste Creutzfeldt-Jakob-Krankheit oder eine Hungersnot. Sei klug, sei beweglich.

Wie kann eine folgenreiche Weigerung aussehen?

Es ist der *Mangel an*, das *frei von*, das es zu erforschen gilt. Tragisch ist: Die Mauer steht umso fester, je mehr wir sie einzureißen versuchen. Man will ja auch nicht zu gut im Bett sein, sonst denkt sich der Typ, woher kann die Schlampe das?, gab mir einst eine Freundin zu bedenken.

Leidet man unter zwanghaften Gedanken, so kennt man die unvorteilhafte Situation, beinahe ununterbrochen an Dinge denken zu müssen, für die man sich eigentlich gar nicht besonders interessiert, so an sie denken zu müssen, wie man daran denkt, immer in Dreierschritten zu zählen oder jedem Chatpartner die von einer unbekannten höheren Instanz festgesetzte Zahl an Emojis zu schicken (enge Freunde: drei, Familienmitglieder: fünf, alle anderen: einen, aber um Himmels willen keine gerade Anzahl wie zwei, vier, acht, außer, sie ist auch durch drei teilbar, wie zum Beispiel sechs, zwölf, achtzehn, wobei alles ab zwölf natürlich etwas übertrieben wäre). Die Behinderung im täglichen Leben besteht selbstverständlich darin, dass sowohl der Versuch, den Gedanken an XY zu denken – und den ihm folgenden und auch den danach –, als auch der Versuch, es nicht zu tun, unglaublich viel Zeit in Anspruch nehmen. Das Schöne ist, dass Sie trotzdem nichts über meine Zwänge wissen.

Ein Ausspruch Mike Tysons, der sich so als weiser Mann entpuppte, lautet: Disziplin ist, etwas, das man hasst, so zu tun, als würde man es lieben. Es handelt sich hier außerdem um ein altes Familienmotto und großes Missverständnis.

Uns war beiden klar, dass wir das niemandem erzählen können, sagte ein Freund über eine Geschichte, seine Kindheit betreffend. Die besten Abmachungen sind wortlos. Trotzdem hat das Anvertrauen, das Überreichen von Geheimnissen etwas so Zartes, Hervorragendes, dass es schlecht nicht sein kann. Nur die Dosis macht das Gift, hat schon Paracelsus erkannt, und mein Vater ergänzt: Mach zwischen zwei Schnäpsen immer eine Pause, sonst merkst du nicht, wie betrunken du bist.

Braune Augen sind gefährlich, aber in der Liebe ehrlich, bringt sich der Volksmund zum wiederholten Male ein. Angel Haze rappt: I am multifaceted, bitch, I do a ton of shit. Darja sagt: Draus lernen is was für Opfer.

ÜBER DAS BEICHTEN

Nach der Flucht meines Onkels aus der schleichend zusammenbrechenden Volksrepublik wurde meine Großmutter bei der Sonderversammlung des volkseigenen Betriebs *Bauen und Wohnen* auf die Bühne gebeten, um Rechenschaft abzulegen. Dieses Spiel nannte man Autokritik, und jeder, der es zu etwas bringen wollte, beherrschte die Regeln.

Nachdem meine Großmutter erklärt hatte, ihr Sohn habe zwar listigerweise ihre reisebedingte Abwesenheit genutzt, um seinen Plan zu verwirklichen, sie übernehme aber trotzdem die volle Verantwortung dafür, dass es so weit habe kommen können, weil sie bei der Erziehung zumindest dieses einen Kindes als sozialistische Mutter voll und ganz gescheitert sei, weil sie fundamental versagt habe und ehrlich bereue, nachdem sie das also gesagt hatte, nickten die Anwesenden betroffen, vor allem aber gelangweilt, und gingen zurück an die Arbeit. Sechs Monate später wurde der Betrieb abgewickelt und mit ihm das ganze System.

***

In der Mariahilferkirche an der gleichnamigen Einkaufsstraße studierte ich einen Pappaufsteller, der mich darüber in Kenntnis setzte, 2016 sei von seiner Heiligkeit Papst Franziskus zum offiziellen Jahr der Barmherzigkeit erklärt worden. Was ist mit den Jahren davor?, fragte ich mich. Es folgte ein langer Hirtenbrief, in dem verschiedene Manifestationen der Barmherzigkeit aufgezählt wurden. Besonders eine schrie mich an: Barmherzigkeit bedeute auch, die Lästigen zu ertragen.

Ich passierte die Kirchenbänke, warf einen Blick auf das Buntglas und stellte fest: Die Beichtstühle waren leer.

***

Die schlechten Gedanken, die nur entfernt mit den schlechten Wörtern verwandt sind, über die ich schon oft, einem Geständnis ähnlich, habe sprechen wollen, schleichen sich langsam ein. Zu Beginn steht ein Gedanke über die Existenz schlechter Gedanken, oder anders: Zu Beginn steht ein Gedanke über etwas sehr Unwichtiges, etwas Deplatziertes; zu Beginn steht eine Keimzelle, die eigentlich eine Fresszelle ist, und dann sind da: die Überreste meiner Souveränität als gebrochener Damm.

Es folgt eine Steigerung, an deren Ende das Gedachte vor Scham längst nicht mehr mit dem Mund geformt werden kann.

Es folgen wirkungslose Denkverbote und eine vom Wahn gestärkte Zielstrebigkeit. Zu den relevanten Themen gehören in der Regel: Krankheiten, plötzliche, brutale Todesfälle, die Unmöglichkeit von Selbstmord angesichts des Mangels an gesicherten Informationen über ein potentielles Leben nach dem Tod, düstere sexuelle Praktiken und Lügen, insbesondere die Sorge, bereits getätigte Lügen könnten als solche enttarnt werden, und schließlich: grundlegende Fragen darüber, was echt ist.

Fahre ich mit der U-Bahn durch Schöneberg, Charlottenburg, Mitte, fürchte ich einen islamistischen Angriff, fahre ich mit der U-Bahn durch Neukölln, Kreuzberg, Wedding, fürchte ich einen rechtsradikalen Angriff. Ich radle.

***

Was hat ein Geheimnis an sich, was haftet ihm an, dass man es nicht Geheimnis sein lässt, dass man es verrät? Hieß es nicht immer, ein Verräter zu sein gelte es um jeden Preis zu vermeiden?

***

Ganz Amerika ist sich einig: Hillary Clinton hat sich korrekt verhalten, denn Bill hat sich vielleicht den Schwanz lutschen lassen, aber es tat ihm leid, und wer bereut, dem wird verziehen. Hinterbliebene von Mordopfern verzeihen den Tätern, bevor denen die Giftspritze in den Arm gerammt wird. Beyoncés Album *Lemonade* handelt vom Schmerz schwarzer Frauen und davon, wie die Sängerin ihrem Mann am Ende, klar, verzeiht. Ist Gott vielleicht doch Amerikaner?

***

Die Frage, worin der Mehrwert des Erzählens liegt, wird offenbleiben. Darin liegt ihre Gefahr.

***

Einem Priester nimmt, wie ich mittlerweile gelernt habe, ein anderer die Beichte ab, jeder Beichtvater hat seinen Beichtvater, in einer immerwährenden Kette, einer Beichtparade, die selbst beim Heiligen Vater nicht abbricht: ein pseudo-egalitäres Moment erster Güte.

***

Von Anfang an ist mir klar gewesen, dass ich diese Überlegungen nicht vervollständigen kann, ohne meinen Plan in die Tat umzusetzen. Jeder in Frage kommende Ort hat etwas, das für ihn spricht. Und doch bin ich noch immer nicht bei der Beichte gewesen. Nicht in der anlässlich des Kirchentags neu erbauten, mangels sächsischer Katholiken stets leeren Kirche am

Wilhelm-Leuschner-Platz, nicht in Wien, wo das Verstörende des Beichtvorgangs, das Verstörende überhaupt eines ganz und gar katholischen Landes eine schon durch die steinernen Kirchenportale anhaucht. Nicht in Gelsenkirchen, zu Hause, wo aus dem vertraut-unvertrauten Weihrauchgeschwader der Geist Heinrich Königs zu uns spricht, Märtyrer, Staatsfeind, totgespritzt.

***

Platz der Friedlichen Revolution, schiebt die Tramansage unermüdlich nach, seit sechs Jahren höre ich einmal am Tag »friedliche Revolution«, ein Oxymoron, das genaugenommen zu den tragischeren Lügen des deutschen Nationbuilding gehört. Einmal fuhr ich in einer umgeleiteten Straßenbahn, weshalb der Fahrer die Haltestellen selbst durchsagte, es war ein Sonntagmorgen gegen zehn, mit rauer Stimme kündigte er dort, wo ich den Augustusplatz erwartete, den Karl-Marx-Platz an, ein paar junge Leute in The-North-Face-Jacken schreckten auf wie Tauben, der Rest der Reisenden wusste Bescheid.

***

Im Zuge der Spendenaffäre gefragt, wie sie sich nun fühle, wo sie Kohl öffentlich den Rücken gekehrt habe, sagte Angela Merkel: Ich habe keine Angst, ich habe kein schlechtes Gewissen, und Mitleid ist auch das falsche Wort.

***

Die älteste der Frauen am Flughafen sagt, sagt immer wieder, sagt ohne Unterlass, sagt vermutlich schon seit 1990, hat aber wahrscheinlich schon 1970 gesagt, sagt, wie schon ihre Mutter und deren Mutter davor, sagt im Kapitalismus das, was sie schon im Sozialismus gesagt hat, was ihre Ahnen während der deutschen, italienischen, osmanischen Besatzung schon gesagt haben, die Frau sagt: Ne nuk e kena haberin, was nicht nur heißt, »Wir haben nicht die leiseste Ahnung«, sondern auch, wortwörtlich, »Wir haben keine Botschaft« oder »Wir haben keine Nachricht«, wobei »haber«, wie so viele andere Begriffe, die wir benutzen, kein albanisches Wort ist, sondern ein türkisches, und es bedeutet eben »Botschaft« oder »Nachricht« und ist mir in dieser Form zuerst auf einer zerlesenen *Hürriyet* in jener Dönerbude begegnet, über der wir viele Jahre gewohnt haben, in einer Straße, die nach einem großen Sozialdemokraten benannt ist, in einem Haus, in dem kein einziger Deutscher wohnte, obwohl es ein schönes Gebäude war, mit Balkonen nach Westen raus, an einem Ausläufer der Fußgängerzone gelegen, fünf Minuten zu Fuß zum Musiktheater und fünf zur Stadtbücherei und zehn zum Stadtgarten und noch weniger zu ein paar schönen, gutbürgerlichen und nur noch sporadisch geöffneten Lokalen, in denen sich meine Mutter mit Bridget auf ein Bitburger zu treffen pflegte; mit Bridget, einer ausgebildeten Krankenschwester, die ihren Beruf seit Jahrzehnten nicht mehr ausgeübt hat, die noch aus jener Generation von Irinnen stammt, die auswanderten, die also als ehemalige Bewohnerin einer Insel, eines geteilten, kolonisierten Landes ein paar kleine Gemeinsamkeiten mit meiner Mutter hat. Bridget hat seinerzeit zusammen mit meiner Mutter Deutsch gelernt, in einer Volkshochschule, bei Elke, die durch und durch gut und aufrecht ist, die noch heute im Briefkasten ihrer mit Efeu überwachsenen Butze am ländlichen Rand des Ruhrgebiets, wo es morgens oft nach Dung riecht, den ein oder anderen Nazidrohbrief findet, weil sie aktiv ist, weil sie weiter geht. Elke, die als Mädchen von den Lehrkörpern belächelt und für dumm erklärt wurde, die aus einem stabilen, sozialdemokratischen Haushalt kommt und es zur selbstverständlich nicht praktizierenden Theologin gebracht hat; Elke, von der ich – ohne dass wir je darüber gesprochen hätten – lernte, dass die Frage nach eigenen Kindern in einer Welt wie der unseren durchaus eine moralische ist, die man mit Nein beantworten kann, wenn nicht gar muss; Elke und Gerhard, der als Lehrer arbeitet und viel mehr als ein Lehrer ist, der einen feinen, bitterbösen Witz hat; Elke und Gerhard, die über sich hinausweisen, die jedes Jahr deutsche Weihnachtsteller mitbringen mit Mandarinen und Nüssen und kleinen Nikoläusen und Engeln und – in meiner Kindheit – auch mit hölzernem Ökospielzeug, das ich sofort in meine postkommunistische Plastikwelt miteinbezog, indem ich auf dem Miniaturwebstuhl buntgestreifte Läufer wob, jene Designer-Tube-Dresses, die meine Karrierebarbies fortan trugen, wenn sie das Land regierten und ihre Nachtclubs managten.

***

Es ist der zweite Weihnachtsfeiertag, dessen Sinn nicht einmal die Wikipedia nachvollziehbar erläutern kann, der mich schon mehr als einmal in eine Recherchespirale gestürzt hat, die Fleischwerdung des Wortes nach Johannes betreffend, wobei Fleisch »Mensch« heißt und Wort »Gott«, so viel habe ich verstanden; es ist der zweite Weihnachtsfeiertag, und ich schreibe aus der Enzyklopädie ab: Für Meister Eckhart ist die Menschwerdung Gottes kein einmaliges Ereignis, der Vater gebiert seinen Sohn ohne Unterlass, er gebiert mich als seinen Sohn und als denselben Sohn – weil ich das vielleicht noch gebrauchen kann, weil mir diese permanente Geburt interessant vorkommt, nachdem mein wiederkehrender Albtraum von ständigen Geburten, die im Verlegen und versehentlichen Verdurstenlassen des Traumsäuglings mündeten, zwar vorbei – bin ich nun endgültig erwachsen, gebärfähig? –, aber noch nicht vergessen ist; es ist der zweite Weihnachtsfeiertag, und wie jedes Jahr kann ich die Sätze noch so oft lesen, doch der Unterschied in der Auslegung der Katholiken, Unitarier oder auch Zeugen Jehovas leuchtet mir einfach nicht ein, ich klappe also den Laptop zu und beschließe, später auf den Dachboden zu gehen, wo zwischen *Elster 2008 für Dummies* und den Vokabelkladden meines Vaters noch die *Traduzione del Nuovo Mondo delle Sacre Scritture* steht, die Bibel der Zeugen Jehovas in italienischer Sprache also, die meinen Eltern kurz nach meiner Geburt von ein paar freundlichen, ältlichen italienischen Zeugen in Gelsenkirchen überreicht wurde, so wie sie heute noch auf der Sonnenallee ein paar Albanern von eifrigen Missionaren in die Hand gedrückt wird. Das konnte ich selbst bezeugen, es war der Sommer 2015 und die Sonnenallee der erste Ort in Deutschland, an dem ich albanische Männercafés und Restaurants sah, die sich nicht als italienische ausgaben, und ebenda auch deutsche Senioren, in Erdtöne gekleidet, mit ihren heiligen Hackenporsches, bis zum Bersten gefüllt mit *Erwachet!*, mit *Zgjohuni!* und einigen wenigen *استيقظ!*. Auflagenstärker als *Erwachet!* ist weltweit übrigens nur der *Wachtturm*. Es ist der zweite Weihnachtsfeiertag, und ich bin abgelenkt von Gott und der Welt.

TO BLEND IN / INTO STH (NACHRUF)

Die Frage lautet: Wie sprechen über Menschen, die jedes Sprechen, das von ihnen handelt, als Erfolg betrachten? Über Menschen, die sich gleichzeitig schon so tief in diese Welt, die ja leider auch mein Leben betrifft, verbissen haben, mit ihren tönernen Zähnen, die Wut des Lebendigen imitierend?

***

Im *Spiegel* lese ich: *Triumph des Willens* ist ein Dokumentarfilm von einem Parteitag, mehr nicht. Das hat nichts zu tun mit Politik. Wie meint die größte deutsche Regisseurin das bloß?, frage ich mich und lese weiter: Denn ich habe aufgenommen, was sich wirklich abgespielt hat und habe es insofern überhöht, als dass ich keinen Kommentar dazu gemacht habe. Ich habe versucht, die Atmosphäre, die da war, durch Bilder auszudrücken und nicht durch einen gesprochenen Kommentar. Und um das ohne Text verständlich zu machen, musste die Bildsprache sehr gut, sehr deutlich sein. Die Bilder mussten das sagen können, was man sonst spricht. Aber deswegen ist es doch keine Propaganda. Ich begreife nicht recht, dabei will ich es doch so gern.

***

Und noch eine Homestory bei Kubitschek, Höcke schreit Schande, Weidel erklärt, wie Jagd geht, Identitäre stürmen dies, filmen das, Gauland geht baden, Spahn schilt Nacktheitsverweigerer, Seehofer schmeißt die Märklin-Bahn an, Flüchtlinge, Schande, Blut, Boden, Özil, Boateng, Steuervermeidung, Homoehe, Abtreibung, Fundis, Grenzen, Heimat. Die mediale Auseinandersetzung mit den Akteurinnen der sogenannten Neuen Rechten, die eigentlich eine Neue Neue Rechte ist, steht in keinem Verhältnis zur Zahl ihrer Unterstützer. Noch nicht. Die Mitte, die ja kein Ort ist, sondern eine verhältnismäßige Distanz zu den sogenannten Rändern bezeichnet, verschiebt sich längst.

***

Zu Beginn war die Frage nach dem *wie* keine Frage der Form, sie war eine Frage des Inhalts. Sie war die Frage danach, wie ausführlich man, also ich, über diese Leute sprechen soll. Es stand zu Beginn der Glaube, es sei am besten, nichts auszulassen, jedes Detail zu behandeln, historisch, politisch, bildtheoretisch und literaturwissenschaftlich. Es stand zu Beginn die Abkehr vom Glauben an die Lücke, und an die Nische auch. Ich habe feststellen müssen: Es stand zu Beginn ein Irrglaube.

***

Ich lasse mir nicht mehr Angst machen, ich habe genug davon. Und noch mehr von meinen Einfällen, die gar nicht die meinen sind, weil sie sonst anders hießen. *Meine Ausfälle* kann es heißen, aber nicht *meine Einfälle*. Ach was, es kann alles heißen. Das haben wir zur Genüge erfahren.

Ilse Aichinger, *Schlechte Wörter*

***

Die Identitären sind nicht solche Leute, auf die man, ganz dem Diktum vom hehren Ideal des Dialogs folgend, im Gespräch wenn nicht gleich zugehen, so doch wenigstens argumentativ eingehen kann. Das haben sie mit allen Rechtsradikalen gemeinsam.

***

Der französische Bloc Identitaire (BI) wurde von ehemaligen Mitgliedern der neonazistischen Gruppe Unité Radicale (UR) gegründet, nachdem die UR 2002 infolge des gescheiterten Mordanschlags ihres Mitglieds Maxime Brunerie auf den damaligen französischen Präsidenten Jacques Chirac verboten worden war. Die UR – die mit anderen rechtsradikalen europäischen Organisationen wie der NPD vernetzt war, derselben NPD, an deren Verbürgerlichung ja bereits ihr, zumindest seit 2011, auf »seriösen Radikalismus« plädierender Chef Holger Apfel scheiterte, von der es später hieß, sie sei mit Gründung der AfD, die schließlich genau diese »seriöse« Corporate Identity zu bedienen versteht, nicht nur parteipolitisch, sondern auch inhaltlich irrelevant geworden, was sich zumindest im Hinblick auf die sächsische Landtagswahl von 2014 als Trugschluss erwies, bei der die NPD noch immer 4,9 % der gültigen Stimmen auf sich vereinen konnte und das zusätzlich zu den 9,7 %, die die AfD damals schon erreichte, was also einmal mehr beweist, dass sowohl die radikale als auch die »seriöse« völkische Agenda ihr ganz eigenes Publikum haben – diese UR jedenfalls war zwar bereits vor dem Verbot im Verfall begriffen, wurde nun aber auch formal aufgelöst und bildete das Teilnehmerreservoir für den sich neu gründenden BI, aus dessen Jugendorganisation Jeunesse Identitaire die verschiedenen nationalen Organisationen der europäischen Identitären hervorgegangen sind.

***

Zu Beginn war da eine Wut, eine Wut darüber, dass die Identitären verhandelt wurden mit derjenigen Sprache, die sie selbst für sich gewählt hatten, dass sie dargestellt wurden mit denjenigen Bildern, die sie selbst hergestellt hatten.

Zu Beginn war da ein Zweifel an den Methoden des Journalismus, der sie stets als Junge zeichnete, als Wilde, als Zellen eines amorphen Körpers, der bloß durch diese Beschwörung an Kraft gewann – der Homunkulus und die Alchemie der Worte.

Zu Beginn war da ein Glaube an das Wort, genauer: an Worte wie faschistisch und nazistisch, an Worte, die nicht fielen, und das zu Unrecht. Mittlerweile sind sie gefallen, mittlerweile sind die Instanzen der liberalen Gesellschaft, an denen auch ich gezweifelt habe und noch immer zweifle, an der Aufgabe gewachsen, und dieser Text muss es ihnen gleichtun.

An der Aufgabe gewachsen, das heißt: Die Identitäre »Bewegung« (IB) wird nun vom Verfassungsschutz beobachtet, einem Geheimdienst, der sich in den letzten Jahren durch Inkompetenz, Befugnisüberschreitung und als Steigbügelhalter rechten Terrors hervorgetan hat. An der Aufgabe gewachsen, das heißt auch: Es gibt keine monatlichen Interviews mehr mit den Vertretern dieser »Bewegung«, die ein Verein ist – wie der fiktive Antifa e.V., nur weniger lustig. Das heißt: keine gratis PR, keine Bezeichnung als »konservative« Jugendgruppe, keine autorisierten, von ihren Urhebern im Rahmen der journalistischen Gepflogenheiten nachträglich geänderten, verdaulicher gemachten Zitate mehr, keine sexy Fotos, keine *Tagesschau*-Airtime. An der Aufgabe gewachsen, das heißt nicht, dass ein einziger Journalist, der an der Produktion des Scheinriesen beteiligt war, Verantwortung übernommen hätte, und im Nachhinein, nach dem Fallen der letzten Masken, zur Folgeberichterstattung geschritten wäre. Es gibt sie, diejenigen, die das Phänomen offenen Auges analysieren, und doch ist, erstaunlicherweise, noch niemand von der einen auf die andere Seite gewechselt. Es hat noch niemand die eigene Dummheit, die ja tragischerweise oft bloße Unredlichkeit ist, im Umgang mit der IB, der AfD, den rechten Blendern überhaupt, nachträglich eingestanden. Auch um solche Versäumnisse geht es hier.

Noch immer ist da der Glaube an das Wort, und noch immer ist da eine Wut, eine Wut darüber, dass die wenigsten sagen: Mit ihren Inhalten locken sie die politisch Gefestigten, mit ihrer Ästhetik locken sie die Jugendlichen, die identitären Instagram- und Tumblr-Accounts finden ihre Entsprechung in den Schulhof-CDs der NPD, ihre Bilder sind nicht mehr als Luder, und der Jugend wird scheinbar das Gewehr in die Hand gedrückt, die doch nicht mehr als ein Huf ist. In der Zwischenzeit sind einige identitäre Facebook- und Instagram-Accounts vom Mutterkonzern gelöscht worden, mit dem Verweis darauf, dass man keine organisierte Hassrede dulde. Das ist zwar besser als nichts, allerdings mitnichten der Triumph der Zivilgesellschaft, als der dieser Schritt nun gefeiert wird, sind doch die medial vermittelten, von multinationalen Unternehmen zur Profitgenerierung produzierten Echokammern der sozialen Medien, die Chatrooms und Pinnwände, niemals mit dem, was wir so hilflos Öffentlichkeit nennen, zu verwechseln.

***

Die radikale Rechte wittert im jetzigen weltgeschichtlichen Moment ein revolutionäres Fenster, in dem die herrschende Ordnung tatsächlich umgeworfen werden kann. Dieser Glaube an die tatsächliche Umsetzbarkeit der eigenen Idee unterscheidet sie von den linken Bewegungen in Mitteleuropa und Nordamerika, oder anders: Ihn hat sie gemein mit den linken Bewegungen des Südens, von Podemos bis zu den Zapatisten, und jeder weiß, der Süden ist eine Fläche, die unter Innsbruck beginnt.

Sie hat kein Interesse daran, gewisse Vokabeln und Denkweisen wieder salonfähig zu machen; stattdessen arbeitet die radikale Rechte an einer grundlegenden Änderung der Sprechverhältnisse. Gleichzeitig interessiert sie die Zementierung der ohnehin schon herrschenden, an ein paar Ecken und Enden aber zaghaft schwächelnden, weißen, europäischen, völkischen, christlichen, heterosexuellen, männlichen – das sind Worte, die ich gebrauche, weil sie gebraucht werden – Normalität in Europa, und zwar in einem Europa, das weltökonomisch und weltpolitisch die Zügel in der Hand behält. Bleibt diese Welt nicht nur bestehen, sondern bildet sie sich zurück – wie der Körper nach einer Schwangerschaft, nach einem Zustand, der also nicht der normale ist, zurück in die Fünfziger-, die Dreißiger- oder meinetwegen in die 1900er-Jahre, noch weiter zurück, bis in die Ursprungszeit dessen, was man Konservative Revolution nennt, die sich im Übrigen zum heutigen, am bürgerlichen Liberalismus mit Gewaltenteilung, Rechtsstaat und allem Pipapo geschulten Konservativismus antagonistisch verhält –, dann wird das dazugehörige Denken und Sprechen ganz von selbst wieder salonfähig. Darum geht es, und diesen vergangenen, alten Zustand, der dem jetzigen fest eingeschrieben ist, der nicht einmal verschüttet, sondern bloß von etwas Staub bedeckt ist, den gilt es wieder einmal mit Hilfe der Methoden der Massenkommunikation zu erreichen.

***

Is there a RACE left in England? Has it ANY will left to survive? You can carry slaughter to Ireland. Will that save you? I doubt it. Nothing can save you, save a purge. Nothing can save you, save an affirmation that you are English.

Whore Belisha is NOT. Isaccs is not. No Sassoon is an Englishman, racially. No Rothschild is English, no Strakosch is English, no Roosevelt is English, no Baruch, Morgenthau, Cohen, Lehman, Warburg, Kuhn, Khan, Baruch, Schiff, Sieff, or Solomon was ever yet born Anglo-Saxon.

And it is for this filth that you fight. It is for this filth that you have murdered your empire, and it is this filth that elects your politicians.

You have lost your tradition. You have not even learned what Lord Byron told you. You are, as even that foul rag the Times tells you, a little late in making a start.

In the year 1942 Anno Domini, there is only one start you can make. And that is a start toward being England. A refusal to be a province of Israel, or an outpost of Yankee-Judaea.

Quando tutti saremo forti.

EZRA POUND, *SPEECH TO THE ENGLISH*

***

Natürlich ging es mir von Beginn an noch um etwas anderes – um Frauen, die diesen Namen verdient haben wollen, die langes Haar und rote Lippen tragen und zwar kein Kind im Leib, doch dafür auf ihren zarten Mädchenschultern einen großen Teil jenes Päckchens, das die nationale Sache ist. Natürlich ging es mir von Beginn an um diejenigen Frauen, ohne die diese als Kulturkampf inszenierte Farce längst nicht mehr funktionieren würde – um ihre geschminkten Münder, ihre Strategien, ihr politisches Wesen ging es mir, um ihre Auftritte, die in einem Moment so unfassbar hinterfotzig gewitzt wirken, dass sich die arme Frauke Petry eine Scheibe, ach was: drei, hätte abschneiden können, und im nächsten so dümmlich und schwach, dass man sich nicht sicher ist, ob sogar die ganz und gar nicht doppeldeutige Wald-und-Wiesen-Idiotie nicht vielleicht auch zum Konzept gehört. Es ging natürlich von Beginn an um Scheinargumente, souverän behauptet, um Rassenkunde, freundlich vorgetragen. Es ging um Frauen, die sich das Frau-Sein erkämpfen mit Puderquasten, Kuchenblechen und mit Fäusten, Rassistinnen, die annehmen, die reaktionären Glaubenssätze über das minderwertige Wesen der Frau, die sie kolportieren – und natürlich kolportieren sie sie, wenn sie von ungleich, aber gleichberechtigt schwafeln –, diese Glaubenssätze träfen auf sie nicht zu. Es ging mir von Beginn an um Girls, die schon immer irgendwie besser, irgendwie »one of the boys« sein wollten, aber um über sie zu sprechen, muss man nun einmal von vorne beginnen, wenn es das überhaupt gibt.

***

Die Idee eines von »oben«, durch ein sagenumwobenes »ihr« gesteuerten »Großen Austauschs« ist die zentrale Verschwörungstheorie, die die IB zusammenhält. Sie ist keine Metapher, sondern das ganz konkrete vermeintliche Bedrohungsszenario, angesichts dessen Widerstand zur Pflicht wird. Die Identifikation mit den Konterrevolutionären des Ancien Régime, dem konservativen Widerstand von Stauffenberg und Co., und ja, tatsächlich auch mit den Geschwistern Scholl – die schließlich, deutsch und protestantisch, frisch, fromm, fröhlich und doch vor allem auf Freiheit bedacht, gesunde Deutsche par excellence waren –, die Wiederaufbereitung von Klassikern des rechten Denkens und Schreibens sowie die Aneignung anderer Autorinnen für rechte Belange sind nicht mehr als Staffage – Verwirrspiel für Uneingeweihte, Empowerment für Insider und kreidehelle Einladung für all jene zwischen den Stühlen.

»Die da oben« jedenfalls wollen »uns« durch fremdes Blut ersetzen, bis man den Unterschied zwischen »fremd« und »eigen« irgendwann optisch gar nicht mehr erkennen kann, bis also das Worst-Case-Szenario – der mit bloßem Auge nicht zu identifizierende Fremdrassige – eintritt: ein klassischer Topos des modernen Antisemitismus.

Dabei ist die IB überhaupt, besonders aber in Deutschland und Österreich, sehr bemüht, sich von jedem Antisemitismus zu distanzieren, immerhin lehnen sie mit dem Muslim ja gewissermaßen den natürlichen Feind des Juden ab. Gerade in Österreich, das viele seiner Bürger noch gern als dem Nationalsozialismus zum Opfer gefallenen Staat betrachten, werden entsprechende Vorwürfe als regelrecht absurd zurückgewiesen.

Deshalb ist es für die IB ein Glücksfall, dass es längst nicht mehr nötig ist, vom Juden zu sprechen: Es reicht schon, den Code zu benutzen, den jeder kennt – die Rede von der von oben gesteuerten Verschwörung zur Zersetzung des Volkes, die Rede von den Eindringlingen in den gesunden Volkskörper, von der Vermischung wider die Natur.

Dazu passt folgende Meldung: Nachdem der Jüdische Weltkongress den Erfolg der AfD als »Schande für Deutschland« bezeichnete, wehrte sich die Partei, indem sie trotzig erklärte, sie sei eine der wenigen Garanten jüdischen Lebens in Deutschland, gleichsam eine philosemitische Trutzburg gegen die braune Gefahr.

***

Nach Jahren der Treue, es müssen fast acht gewesen sein, habe ich mich für eine neue Wimperntuschenmarke entschieden. Obwohl ich ein Fan der Tubing-Technologie bin, die durch die Verwendung eines Polymergemischs anstelle der herkömmlichen Wachse einen tagelangen Halt ohne Verschmieren, gleichzeitig aber eine Entfernung der Mascara mit warmem Wasser ermöglicht, zwangen mich der intensive Farbauftrag und das schmale Bürstchen der *Clinique Lash Power* letztlich dazu, mir viel dramatischere Wimpern zu tuschen, als ich sie noch tragen wollte. Nach einigem Zögern und ausführlichen Recherchen entschloss ich mich zum Kauf eines neuen Produkts. Meine Wahl fiel auf Chanels *Inimitable Waterproof*, die mit ihrem großen Silikonbürstchen optimale Trennung versprach.

Offen gestanden war es schon um mich geschehen, als ich das goldene Logo mit den zwei ineinander verschlungenen Cs sah. Das Produkt ist elegant, dunkel, rechteckig, es vereint einhundert Jahre europäische Kulturgeschichte in sich. Wo Clinique bloß für hypoallergene Inhaltsstoffe steht, erinnert Chanel an das kleine Schwarze, an vielgeschlechtliche Aldehydakkorde, große Schritte und schamlose Kollaboration. Für den rabattierten Preis von 28,99 € kann auch ich teilhaben an dieser Welt, die vom Ritz bis nach Germania reicht, weiter, als meine Wimpern es je könnten.

***

Die Unique Selling Proposition der IB liegt, so heißt es, in ihrem Coolnessfaktor. Man könnte auch sagen: Diese »Coolness«, die Jugendlichkeit, der sichere Umgang mit den zeitgenössischen Formen der Massenkommunikation, mit den sozialen Medien, ist eine zentrale Parallele zwischen der »Bewegung« – deren deutscher Zweig letztes Jahr vierhundert Fördermitglieder hatte – und den ursprünglichen Faschisten, zu den Schwarzhemden und ihrer Liebe zu schnellen Autos und Technik, zu den Nazis mit ihrem Volksempfänger, ihrem flugzeugunterstützten Wahlkampf. In diesem Zusammenhang könnte es fast – und unter Zynikern – als enttäuschend gelten, dass die Identitären das futuristische, bacchantische Element des Faschismus, einer Ideologie, die in ihrer megalomanen Klammer für Marinetti und Riefenstahl ebenso Platz hat wie für »Vergeltungswaffen« und Gaskammern, nicht auszuschöpfen wissen, eben weil sie so hoffnungslos rückwärtsgewandt sind, dass ihnen kein innovativer Gedanke, kein frisches Bild abzupressen ist, ihre ästhetischen Bemühungen auf den Kitsch und das Kunsthandwerk beschränkt bleiben, ihre Kritik auf das Jammern und ihre Visionen auf den dilettantischen Vorschlag. Der Reaktionäre kann nichts Neues schaffen, und in diesem einen interessanten Unterschied zwischen Reaktion und Faschismus entscheiden sich die Identitären für die sichere Seite, was natürlich weniger eine Entscheidung ist und mehr die notwendige Konsequenz aus dem Mangel an Kompetenz und Talent in ihren Reihen, noch zumindest, und dieses *noch* ist, worauf es ankommt.

Ihre »Coolness« aber, an Fernsehwerbung und YouTube-Clips geschult, ist, bei aller strebsamen Unbeholfenheit, durch das Stahlbad der Gegenwart gegangen. Sie gilt es zu beherrschen, als Nexus zwischen bereits aktiven und bloß potentiellen Mitgliedern. Diese »Coolness« – es gibt, einschließlich der Anführungszeichen, keinen besseren Begriff, und wenn es ihn gäbe, ich würde es trotzdem dabei belassen –, diese »Coolness« ist die einzige Einlassung auf die »moderne Welt«, zu der sie bereit sind, denn der »inhaltliche Kompromiss«, der »Dialog« ist den Identitären in ihrem Selbstbild erklärtermaßen fremd.

In der deutsch-österreichischen YouTube-Koproduktion *Zukunft für Europa – Identitäre Bewegung* sagt Martin Sellner, Chef der österreichischen IB: Unser Ziel ist keine Beteiligung am Diskurs, sondern sein Ende als Konsensform. Wir wollen nicht mitreden, sondern eine andere Sprache. Unter dieser schroffen Politpoesie schimmert der angeeignete Jargon des jugendlichen Linksradikalismus hervor, der nicht den Kuchen will, sondern die ganze Bäckerei. Sie ist außerdem aber, und das vor allem, ein Bekenntnis zur Chiffre, zur verdeckten Operation, zum »bis es so weit ist«, zum, wiewohl von der »Bewegung« öffentlich verleugneten, nazistischen Traum vom Tag X, der gerade nicht von der Befreiung der Unterdrückten handelt, sondern vielmehr den Moment bezeichnet, von dem an das Fremde und mit ihm auch das Dissidente ohne Furcht vor Konsequenzen ausgelöscht werden dürfen.

***

Als Jugendliche, ich muss ungefähr fünfzehn gewesen sein – denn ich hatte gerade erst begonnen, die *Clinique Lash Power* zu benutzen –, besuchte ich eines schönen Tages eine Demo. Es war genau genommen eine Gegendemo, in Gelsenkirchen-Erle wurde eine Moschee gebaut, der Haken war natürlich, dass sie ein kleines Minarett bekommen sollte und jetzt Minarett- oder Moscheegegner, so klar war das nicht, dagegen auf die Straße gingen.

Wir nannten sie, wie wir alle rechten Rassisten nannten, Nazis nämlich, denn es war dies eine zarte, fröhliche Zeit, die Ränder der Gegenstände leuchteten golden, die Luft hatte selbst im Winter eine gewisse Milde, der Nazi war noch Nazi und der Türke noch Türke, die Reden wurden noch mit Glückauf! beendet und die

Langzeitarbeitslosen konnten sich, wenn auch bloß vage, noch daran erinnern, einmal Arbeiter gewesen zu sein.

So war es also, damals, als ich mit frischgetuschten Wimpern auf meine erste Gegendemo ging, mit meiner Freundin Jette, die mir damals die Süßigkeiten zuzustecken pflegte, die sie selbst nicht essen wollte, und ich aß und aß, und sie fiel immer weiter ein, trug ihre spitzen Glieder mit Anmut, schwor mir und allen schwächeren, also essenden Frauen in ihrer inneren Emigration ab, wie es schon vor ihr Jeanne d'Arc getan hatte, wenn auch unter anderen Vorzeichen. Auch hier, auf dieser Demo, ging Jette plötzlich weg, drückte mir ein Snickers in die Hand und war verschwunden, war fort, ein paar Sit-ups machen, fort, und noch heute weiß ich nicht, ob im Großen und Ganzen sie es war, die mich verlassen hat, oder umgekehrt, und noch heute weiß ich nicht, ob ich es war, die sie verraten hat, oder umgekehrt. Noch heute habe ich nicht verstanden, auf welche Art Hunger und Gier einander bedingen und was es heißt, jemanden unwiederbringlich zu verlieren, der noch lange lebt, und das nicht unglücklich. Freundschaften verglühen aufgrund von Ähnlichkeit, das ist klar.

Jette war also weg, und ich stand umgeben von aufgebrachten türkischen Onkels mit seidigen Schnurrbärten, stabilen Gewerkschaftlerinnen, Jusos mit Nelkenstandarten, dem *Kapital*-Lesekreis der Linksjugend und versprengten, bedreadlockten Grünen und MLPD-

Jungpolitikern herum. Im Schatten der kahlen, krummen Eichen warteten wir auf die Nazis, damit wir sie beschimpfen konnten, diese Psychos, was war eigentlich ihr Problem, ich aber hatte nun meine Begleitung verloren und nagte andächtig an meinem Snickers, während ich der *Moorsoldaten*-Einlage der Falken-Gruppe lauschte.

***

Eine fixe Idee der Neuen Rechten ist – angelehnt an Antonio Gramscis Konzept der kulturellen Hegemonie – der »metapolitische Raum«, den es zu erobern gelte. So heißt es in den letztes Jahr geleakten internen Strategiepapieren der deutschen IB-Sektion, zu den Fehlern der alten Rechten habe gehört, »dass sie Propaganda/Kommunikation mit dem Kern/der Theorie verwechsel-t[en]«. Außerdem wird eine sogenannte Metapolitik der Straße entworfen; sie wollen, so lese ich weiter, »›die Fragen‹ bestimmen, welche die Ereignisse und Tatsachen mit einer Erzählung ›umrahmen‹ und den Kampf um die Deutung der Tatsachen gewinnen.«

Was ist unsere Erzählung, fragen sich diese jungen Patrioten, Requiem oder Reconquista? – immer auf der Suche nach der perfekten, der definitiven Corporate Identity für die »Bewegung«, die ja letztlich doch eine straff geführte Organisation ist. Es geht zu wie bei einem Sales-Seminar für Call-Center-Mitarbeiter: Gesprächsmanipulation, Bejahungskette, geduldig sein!

Eine besondere Rolle nimmt die Frage nach der Art der Bilder ein, die man – und zwar dezidiert in den sozialen Medien – in Umlauf bringen will. Sie sollen »Macht« symbolisieren, »Trotz«, »Spott«, oder: »Zuneigung – Fotos von sozialen Aktionen oder Ökoaktivismus schaffen Sympathie. Das tun auch Bilder von kulturellen Veranstaltungen mit jungen Menschen (Frauen), die eine positive Ausstrahlung haben. Wir wollen eine menschliche und persönliche Seite zeigen, um der Dämonisierung unserer Bewegung vorzubeugen.«

***

Europa, die von einem potenten Stier entführt und vergewaltigt wurde, phönizische Königstochter, middle eastern girl, Europa, die man einst erob nannte, den Abend, das Abendland, Europa, deren Vergewaltiger ein schneeweißer Gott war und ganz friedlich aussah, was sich aber als falsch herausstellen sollte; sie wird entführt und mit einer Krokusblüte vergiftet, bewusstlos gemacht und geschändet und bleibt. Und der Ort, an dem sie sich niederlässt, der Ort, an dem man sie sich niederlassen heißt, wird mit Europa bezeichnet, ihrem Namen, den sie mit Anmut trägt wie wir die unsren. Ich beweine sie, wie ich um die müden, schmerzenden Leiber aller Frauen weine, ich beweine sie, wie ich um die diakritischen Zeichen weine, die auf der Müllhalde der Geschichte gelandet sind, ich beweine sie, aber es ist auch Stolz dabei. Wir kennen ihren Namen noch heute und nutzen ihn; ohne mit der Wimper zu zucken, sagen wir ihn auf.

***

Navigare necesse est, vivere non est necesse.
Seefahrt tut Not, Leben nicht.
In See zu stechen ist notwendig, Überleben ist nicht notwendig

MÄNNER ALLER ART, GNAEUS POMPEIUS MAGNUS ZUM BEISPIEL, ODER GABRIELE D'ANNUNZIO

***

Die IB ist eine metapolitische Kraft, die versucht, Ideen, Parolen und Bilder in das metapolitische Feld zu führen. Mit Aktionen schaffen wir einen medialen Hype und eine Viralität, die unsere Parolen und Bilder so schnell und breit wie möglich streuen. Die ganze Arbeit, die wir in eine Aktion reinstecken, wird nutzlos, wenn die Bilder, die es [sic!] transportiert, nicht klar und von guter Qualität sind. Wir müssen Wörter und Bilder wählen, die der Mehrheit gefallen und für sie verständlich sind. Es handelt sich hier nicht um die Aufkleber von einer Hooligan-Gruppe etwa. Sie kommen aus einer Subkultur und sind an eine Subkultur gerichtet. Wir wollen das Volk erreichen. Die Bilder und Wörter, die wir wählen, müssen schon in den Gedanken der Leute vorhanden sein. Sie müssen das ausdrücken, was alle denken, und die unausgesprochene Meinung der Mehrheit ans Licht bringen. Unsere politische Kommunikation muss die Massen erreichen und gut zugänglich sein.

Interne Strategiepapiere der Identitären Bewegung Deutschland e.V.

***

Zu den Marketingkanälen der IB gehören einerseits die offiziellen Facebook-, Twitter-, Instagram- und Tumblr-Accounts der jeweiligen Landes- und Regionalfraktionen, andererseits eine Reihe vermeintlich privater, dabei aber öffentlich einsehbarer und dezidiert für eine uneingeweihte »Öffentlichkeit« gedachter Profile auf denselben Plattformen, mit anderen Worten: eine Reihe sogenannter Influencer-Profile. Die korrespondierenden Personen bewerben zwar kein Produkt, sondern eine politische Gruppe mit der dazugehörigen Ideologie, doch auch sie machen Gebrauch von ihrem Privatleben, von dessen Darstellung als möglichst relatable auf der einen und möglichst instagrammable auf der anderen Seite der Erfolg ihrer »Bewegung« direkt abhängt.

Die Zielgruppe ist dabei dieselbe, die von der Bundeswehr mit ihrer YouTube-Werbeserie *Die Rekruten* angesprochen werden soll: sehr junge Erwachsene, nicht auch, sondern gerade Minderjährige, Jugendliche, die mit dem im »IBster«-Lifestyle enthaltenen, unverhohlenen Versprechen von lässiger Gemeinschaft und Action tatsächlich noch zu locken sind. So wie bei den *Rekruten* die Saufrituale und Misshandlungen, die sexistischen und rassistischen Übergriffe fehlen, die zur militärischen Normalität dazugehören, wird auch auf den identitären Marketingkanälen alles, was den gewalttätigen Kern der Ideologie zeigen könnte, ausgeblendet, selbst die Wehrsportübungen bekommen Wellness-Charakter: Es herrscht eine Semantik des Angenehmen.

Es ist kein Zufall, dass eine identitäre Protagonistin wie Alina Wychera von Teenagern, die viele Jahre jünger sind als sie, digital umschwärmt wird, und ebenso wenig, dass sie jedes Lob und jedes Kompliment mit beflissenem Dank entgegennimmt. Hier gilt es – das ist das Los der Leserin im digitalen Zeitalter, in dem Informationen genauso schnell verschwinden können, wie sie in die Welt kommen –, meines, das Autorinnenwort, für bare Münze zu nehmen, denn: Während man auf ihrem mittlerweile von Verfänglichem gesäuberten, nur noch sporadisch aktiven Tumblr-Account durchaus noch die von Wychera veröffentlichte Fan-Post nachlesen kann, konnte man nur auf Instagram nachverfolgen, wie alt jene waren, die ihre Fotos favten und sie zu ihrer Schönheit beglückwünschten. Wychera aber ist schon letztes Jahr einer möglichen Löschung ihres

Accounts, wie sie nun einigen ihren Kameraden widerfahren ist, zuvorgekommen, indem sie das Profil zurückgesetzt hat. Übrig bleibt nur noch ein Foto von 2016, darauf abgebildet: vor weißem Hintergrund ein blasser Arm, an dessen Ellenbeuge mit Pflasterband befestigt: ein rosa blühender Zweig, der in Richtung Pulsadern zeigt.

Es sind gerade diese Frauen, die rechten Sternchen, die ein weiches Warmes vermitteln, die hot und sweet und schlau sind und uns zeigen: Mitmachen lohnt sich – entweder man wird selbst zu so einer Superfrau oder man weiß solche Girls im Rücken; auf jeden Fall habe man es, so will es die Botschaft, mit einer »Bewegung« zu tun, die gewaltfrei sei, nicht links stehe und nicht rechts, sondern auf der Seite des gesunden Volksempfindens, die nicht nur geschlechter-, sondern auch milieu- und klassenübergreifend sei, mit den Pionierinnen und Pionieren der kommenden Gemeinschaft, der nächsten am Horizont flimmernden, friedlichen, weil deutschen Revolution.

***

Die Moorsoldaten wurde bei seiner einzigen offiziellen Vorführung im KZ Börgermoor vorwiegend von inhaftierten Mitgliedern des Solinger Arbeitergesangvereins interpretiert, desselben Solingen, in dem zwei Wochen vor meiner Geburt, vor einem Vierteljahrhundert also, der gleichnamige Mordanschlag stattfand, dem Gürsün İnce, Hatice Genç, Gülüstan Öztürk, Hülya Genç und Saime Genç zum Opfer fielen, Mütter und Töchter, Frauen, kaum älter als ich es heute bin, Schwestern und Cousinen, Gürsün und Hatice, Gülüstan, Hülya und Saime, die verbrannten oder am Boden aufschlugen, während die biederen Brandstifterboys heute, nach sieben bis zehn Jahren in Gefängnis und offenem Vollzug, das 21. Jahrhundert in der BRD genießen: Das ist das Land, in das ich hineingeboren wurde, es war mir nie etwas anderes versprochen.

Auch damals warnte ein V-Mann Mitglieder des rechten Milieus vor Hausdurchsuchungen. Unter den Solinger Tätern waren ein Arzt- und ein Handwerkersohn. Sie alle trainierten in der Kampfsportschule Hak Pao, was passenderweise »schwarzer Panther« bedeutet. Deren Schulleiter Bernd Schmitt war ein Neonazi und fleißiger V-Mann. Die Rolle der Kampfschule als möglicher, staatlich gesponserter Radikalisierungsschauplatz vierer Jugendlicher aus extrem unterschiedlichen Milieus ist kaum untersucht worden. Auch damals wäre es wirklich allen lieber gewesen, wenn man eine fiktive Unterschicht zur ausschließlich Verantwortlichen hätte erklären können. Der Begriff Parallele bezeichnet eine Ähnlichkeit in Verfahren und Sachverhalt, Beispiel: historische Parallele.

Kein halbes Jahr nach meinem 18. Geburtstag, kein Jahr nach meiner Einbürgerung, in meinem letzten Schuljahr begann ich aufs Neue, die Namen der Toten zu lernen, anderer Toter, deren Namen mir genauso fremd waren wie den Journalisten, die sie falsch schrieben, mit dem Unterschied, dass ich um unsere Gemeinsamkeiten wusste.

Am Ende ist das nicht nur die Geschichte vom Solinger Arbeitergesangsverein, es ist auch die Geschichte davon, dass es sich gelohnt hat, die Speisekarte der Dönerbude, über der ich aufgewachsen bin, gründlich zu studieren, weil ein ı kein i ist, und ein ş kein s; es ist die Geschichte davon, wie ich, ohne es zu wissen, darauf vorbereitet wurde, die Namen der Toten richtig auszusprechen.

***

Denn wer weint, und auch das gehört zur deutschen Tränenhistorie, wird natürlich erst recht totgeschlagen.

MARCEL BEYER

***

Auf Instagram kann man einen Lebensstil, eine Erzählung, eine ganze Weltanschauung vermitteln, ohne viele Worte zu verlieren. Die politischen Forderungen, die seit langem nur noch Slogans sind, degenerieren hier vollends zum Hashtag, versteckt zwischen scheinbar apolitischen Hinweisen, die von #instaink und #whitegirl über #pale und #freckles bis hin zu #architectureporn und #romance reichen können. Hier zeigt sich in einer geradezu sympathisch anmutenden Transparenz, dass das Bild eben nie nur Bild ist, dass es immer noch auf etwas anderes verweist als auf das Abgebildete und den Abbildenden, dass es also, wie jeder schöpferische Ausdruck, immer noch auf ein Drittes, auf das Abwesende zielt, und seien es der Boy, der sich nicht meldet, oder das Volk, das seinen Dornröschenschlaf schläft.

***

Die jungen Genossen sangen, ich biss mich durchs Karamell, ruhige Szenerie, noch kein Nazi in Sicht, auf einmal schmeckte die Schoki pfeffrig, auch die Polizei ist schließlich im DGB und legte sich jetzt ins Zeug, bis heute weiß ich nicht, was da in die Exekutive gefahren war, allgemeiner Tumult, in der Ferne hörte ich ein Pferd wiehern, wurde von den uniformierten Ordnungshütern gegen die Onkels und an die nächste Hauswand gedrückt, Kessel, Umzingelung. Das sah ich nicht ein, formte erste Worte des Widerspruchs in den luftleeren Raum hinein, mein rosa belipglosster Mund wies mich als die Rentnerin aus, die ich von Geburt an war, denn ich sagte, zum ersten Mal in meinem Leben: Ich glaub, es hackt, und ruckte meinen Blazer zurecht, zog die Skinny Jeans hoch und trippelte in meinen malvenfarbenen Lacoste-Ballerinas an der Polizei vorbei. Die Mädchen hinter mir, die das auch versuchten, scheiterten und wurden an ihren schwarzen Kapuzenpullovern festgehalten, verrieten sich mit ihren kurzen Haaren, ihren fahlen, unbemalten Gesichtern, und ich lernte eine Lektion, nämlich, dass eine geschminkte Frau keine ist, die man aufhalten müsste.

Mag sein, dass die Idee, es sei nur vorteilhaft, von seinen Gegnern unterschätzt zu werden, ein Verona-Feldbusch-, ein Paris-Hilton-, ein Ivanka-Trump-Argument ist, aber manchmal ist es eben das Lipgloss, das eine radikale Kritik erst richtig glänzen lässt.

***

der westen ist der ort, an dem sich souveränität bei den reaktionären lernen lässt. in london eine werbung für wimperntusche lautete: boyfriend or money back.

die lehre aus dem faschismus ist: wenn die zustände zu extrem werden, kann ich mich ihnen nicht mehr entziehen. also begeben wir uns in einen zustand, der so wenig extrem ist wie möglich und der mich also vergißt wie ich ihn.

Ronald M. Schernikau, *Die Tage in L.*

***

Alina Wychera trat in den sozialen Medien zuerst unter ihrem Pseudonym *von Rauheneck* auf. Dieses betreffend erklärt sie, ihre Familie sei durchaus adlig, aber sie lege Wert auf deren Privatsphäre. Bestätigt wird sie in diesem Anliegen durch ihre Fans. Anonymous asked: Ich kann verstehen, dass du bei den ganzen Angriffen von den Linken nicht willst, dass man den Adelsnamen deiner Familie kennt. Danke für deinen Einsatz und deinen Mut! Liebe Grüße B.

Ihre Weiblichkeit ist – das ist viel diskutiert worden – eine häusliche: #frauenindieküche, #photographie, ein paar Fotos von Insekten à la #ernstjünger, Mutterschaft als erklärtes Ziel, bald, aber noch nicht jetzt, #whywefight, Joggen im Wald, Goldschmieden, #tradition. Und immer wieder: Lesen, lesen, lesen, und das am liebsten hosenlos in Strümpfen, mal mit Haltern, mal ohne, und zwar rechte Klassiker ebenso wie Texte, die sie dazu erklärt.

Mal hält sie einen Band von Sylvia Plath auf dem Schoß, für die vermutlich, neben ihrer deutsch-österreichischen Abstammung, ihr Gedicht *Daddy* spricht, in dem sie HC Straches Diktum vom FPÖler als neuem Juden gleichsam vorwegnimmt, und ihr Verhältnis zum strengen Vater als ein antagonistisches zwischen Juden und Deutschen imaginiert: Ich, ich, ich, ich, / I could hardly speak. / I thought every German was you. /And the language obscene //An engine, an engine / Chuffing me off like a Jew. / A Jew to Dachau, Auschwitz, Belsen. / I began to talk like a Jew. / I think I may well be a Jew, mal sind es Bukowski oder Dickinson, Austen oder Kierkegaard (die ja beide immerhin nicht nur Melancholiker, sondern auch noch überzeugte Christen waren), Hölderlin oder Ovid.

Wychera interessiert sich auch für biographische Werke, insbesondere von bekannten Frauen wie Marie Curie, die ihr Vaterland schließlich so sehr liebte, dass sie ihm mit dem Polonium sogar ein Element widmete, oder für die blumige Theorie einer Simone Weil, die zwar Jüdin war, zumindest aber geschrieben hat: Die Verwurzelung ist wohl das wichtigste und am meisten verkannte Bedürfnis der menschlichen Seele – was einer derjenigen Sätze ist, die im identitären Tumblrverse hin und her repostet werden.

Selbstverständlich sind ihr auch die Klassiker des rechten Fühlens und Denkens ganz nah: Benn und Jünger, Pound und Nolte, und immer wieder Cioran, der rumänische Philosoph, der schon 1934 konstatierte: Es gibt keinen Politiker in der heutigen Welt, der mir größere Sympathie einflößte als Hitler. Außerdem begeistert Wychera sich für Neuerscheinungen und Übersetzungen aus dem Hause Antaios, vom Roman über die italienische neofaschistische Gruppierung CasaPound bis hin zu Ellen Kositzas *Die Einzelfalle – Warum der Feminismus ständig die Straßenseite wechselt,* das sie in einer Art post-feministischem Stillleben mit einem schwarzen Pumps und einer kleinen Dose Pfefferspray, wie sie zur Abwehr krimineller Ausländer verwendet wird, arrangiert. Das Ganze bescherte ihr allerdings nur magere 135 Likes gegenüber den 266, die sie für ein kopfloses Selfie im schwarzen Bodycon-

Dress erhielt, was, so viel sei eingestanden, im Gegensatz zu ihren Lektürevorlieben nicht mehr verifizierbar ist.

Wycheras Bilder behaupten, sie wüssten nichts vom Kapitalismus; sie versuchen, unbestimmt stilvoll zu wirken, unter Zuhilfenahme von Naturbezügen und Objekten, deren Warenförmigkeit wohl durch ihr Alter kaschiert werden soll.

Trotzdem scheitert ihr Versuch, eine Art superfeminine, adelige Kämpferin für das Abendland abzubilden, oft genug, und zwar dort, wo das Motiv und seine Machart unpassende Allianzen eingehen, wo man den Schuhen, Taschen und Möbeln allen Filtern zum Trotz anmerkt, wie billig sie sind. Vor allem aber scheitert Wychera da, wo es nicht um das geht, was ihr gehört, sondern um das, was zu ihr gehört, um ihr gründlich geschminktes Gesicht nämlich, das Symbol der »natürlichen« Frau, die ja immer sowohl eine »natürlich schöne« als auch eine »natürlich weibliche« oder »der weiblichen Natur entsprechende« ist.

Wychera trägt auf den allermeisten Fotos viel puderbasiertes Make-up, das ein wenig zu hell für ihren Hautton ist, dazu mattroten oder rosa Lippenstift, der mit nicht ganz ruhiger Hand aufgetragen wurde, außerdem reichlich rosa Rouge. Da sie ihren Concealer nicht verteilt, hat sie oft helle Ringe um die Augen. Ihre sehr langen Wimpern tuscht sie zu dicken Spinnenbeinen. Dazu trägt sie manchmal weißen Kajal auf die untere Wasserlinie auf, um die Augen optisch zu vergrößern.

Oder sollte man sagen: pflegte sie zu tuschen, pflegte sie zu tragen? Ich kenne keine aktuellen Fotos von ihr; sie hat – so heißt es – den Schwerpunkt ihres politischen Aktivismus ins Journalistische verlagert, vielleicht hat sie es satt, ein Postergirl zu sein, vielleicht hat sie begriffen, dass die Boys sie nicht als one of them betrachten, vielleicht hat sie mit der Familienplanung begonnen. Auf das alles, ihren Wunsch nach persönlicher Weiterentwicklung also, Rücksicht zu nehmen, hieße aber, die Aktivistin Wychera nicht beim Wort, oder vielmehr: beim Bild nehmen. Ihre Art, sich zu schminken, sprach jedenfalls – und spricht in den Archiven, den Datenfriedhöfen noch immer – die Sprache der Drogerien, der p2-Regale, der Mangamädchen, der Badezimmer ohne Tageslicht, der unspektakulären Normalität, des Imperfekten und damit gerade nicht die Sprache der Selfie- und Instagramprofis, die sie fließend zu beherrschen behauptet.

Wycheras Make-up deckt die Lücken in ihrer klassenlosen, heimatliebenden, präkapitalistischen Erzählung auf. Ihr Gesicht ist der Grabenbruch, aus dem die neue Frau entspringt, es ist das ostafrikanische Becken zur Zeit der ersten Wanderung, es ist der Moment, in dem der Trotz jener Frauen, die buckeln und treten und das Vaterland lieben, wortwörtlich Farbe annimmt.

In Wycheras germanischer Geschichte fehlt nur eins, und das ist der Mann. Auf ihrem Tumblrprofil ist von den gegenseitigen Liebes- und Dankbarkeitsbekundungen nichts mehr übrig, der Cyberspace ist wie leergefegt, und deshalb darf ihre Beziehung zu Stefan Juritz, einem Grazer Burschenschafter und Identitären, wohl nur als Gerücht gelten. Juritz jedenfalls glaubt nicht an die österreichische Nation – die großdeutsche scheint ihm lieber zu sein. Er ist mal zusammen mit Blood & Honour marschiert, wurde aber vom Vorwurf der schweren Körperverletzung freigesprochen. Davon abgesehen ist Stefan Juritz ganz moderner, sanfter Mann und pflegt selbst einen Tumblr-Blog namens »amor fati graz«. Dessen Inhalte: einerseits sexuell aufgeladene GIFs, die mit einer Softporno-SM-Ästhetik à la *50 Shades of Grey* flirten, Pussygrabbing inklusive, außerdem Fotos unbehoster, lesender Frauen; andererseits Zitate rechter Intellektueller und Links zu identitären Blogs. Sie komplementierten Wycheras heimeligen girly Kuchenback-Nature-Baby-Pastell-Tumblr vollends. Die adlige hotte »Rechtsintellektuelle« und der nationalistische Rowdy bildeten gemeinsam einen gleichsam platonischen, völkisch orientierten Kugelmenschen, der glücklich durch das Grazer Becken rollt.

***

So dicht sind auch in Sachsen die Wälder nicht, dass der Mann, der in der Zeitung nur »der Iraker« hieß, der psychisch kranke 21-jährige Asylbewerber, der vorletztes Jahr von der Arnsdorfer Bürgerwehr an einen Baum gefesselt wurde, so dicht sind auch in Sachsen die Wälder nicht, dass dieser Mann – dieser Junge eigentlich – von Januar an erfroren im Unterholz lag, keine Gewalteinwirkung, und keiner hat nach ihm gesucht, so dicht sind auch in Sachsen die Wälder nicht, dass kein Krankenhaus nach seinem Patienten fragt und kein Lager nach seinem Insassen, das ist nicht die deutsche Art, wieso hat niemand nach diesem Jungen gefahndet, drei Monate lang, und er wurde gefunden Tage vor dem Prozess gegen die Mitglieder der Bürgerwehr, bei dem er als Zeuge hätte aussagen sollen.

Die vier Männer hatten den Jungen aus einem Supermarkt gezerrt, weil er angeblich eine andere Kundin an der Kasse mit zwei Weinflaschen bedroht habe, was die Auswertung der Überwachungskamera später nicht bestätigen konnte. Es gab keine Bedrohungssituation, keinen Diebstahl und keine Sachbeschädigung, das gab die Polizei später bekannt. Er hatte Probleme mit der Telefonkarte, die er dort gekauft hatte, und anscheinend Schwierigkeiten, sich verständlich zu machen, und hatte seinerseits nicht verstanden, dass das Guthaben aufgebraucht war, weswegen die Verkäuferinnen schon einmal die Polizei gerufen hatten, die ihn ins Krankenhaus, wo er stationär untergebracht war, zurückbrachte, er aber kam später wieder und traf auf die besagte Bürgerwehr, die kurzen Prozess machte. Draußen fesselten ihn die »Jungs von der Imbissbude«, wie sie im Dorf heißen, mit Kabelbindern, die sie zufällig dabeihatten, an einen Baum. Im Folgenden stellte sich nicht nur heraus, dass einer der vier Freunde auch CDU-Stadtrat war, sondern der Görlitzer Polizeichef sagte zu alldem noch: Durch die Erregtheit des Asylbewerbers war das Festhalten sinnvoll, ich tu mich schwer zu sagen: notwendig.

***

Wychera tritt unter dem Motto »To shock them all« als Werbegirl des Onlineshops Phalanx Europa auf, dessen Name wohl nicht umsonst an die faschistische Partei Falange Española erinnert. Der Shop verkauft T-Shirts mit verschiedenen Motiven – »Still not loving Antifa«, »Grenzen hoch und Schotten dicht«, »Ab in den Süden: Remigration«. Immer wieder wird auf vergangene Battles zwischen Orient und Okzident angespielt. Das Lambda, das ihr Logo ziert, führt die IB auf das Erkennungszeichen der gegen die einfallenden Perser kämpfenden Spartaner zurück und feiert den Actionfilm *300* mit passendem Apparel. Das »Je suis Charlie Martel«-Shirt verweist auf Karl Martell, jenen fränkischen Hausmeier, der in der Schlacht bei Poitiers im Jahr 732 Araber und Berber besiegte und damit eher vermeintlich als tatsächlich das Abendland rettete. Leider sind all diese Shirts nichts für Modebewusste, richtig gut sieht nur eines aus, das von Phalanx Europas französischem Äquivalent, dem Label Atelier Parigot, verkauft wird. Abgebildet ist Jeanne d'Arc als Buntglasmotiv, mit Maschinengewehr im Arm. Abendland, Vaterland, Jungfrauen – da ist es fast egal, ob Jeanne oder Sophie Scholl –, die gute Sache, geil, auch wenn König und Führer am Ende verantwortlich für den Tod der Mädel waren, die einige rote Linien überschritten hatten. Jeanne d'Arc, wie sie sich weigert, »weniger als«, das heißt: eine Frau zu sein, die fand, sie sei mehr, sie sei, nein, nicht »one of the boys«, sondern jemand, der über die Boys hinausreicht.

***

Europa. Der Name und die Erzählung unseres einzigartig schönen Kontinents sind nicht umsonst einer Frau gewidmet. Die Verteidigung Europas ist also ganz besonders auch Frauensache! Wir lieben unsere Heimat, unsere Kultur und Traditionen. Gender-Irrsinn und Feminismus-Hysterie brauchen wir zur Selbstverwirklichung nicht. Wir sind stolz darauf, europäische Frauen zu sein, die Seite an Seite mit ihren Männern Europa verteidigen! #europa #identitariangirls #identitär #phalanxeuropa

Alina Wychera, via Instagram

***

It took many years of vomiting up all the filth I'd been taught about myself, and half-believed, before I was able to walk on this earth as though I had a right to be here.

JAMES BALDWIN,
ZITIERT NACH MELANIE SCHMITZ VIA TUMBLR

***

In meinem letzten Schuljahr, in dem Herbst, in dem die drei bekannten Mitglieder des Nationalsozialistischen Untergrunds aufflogen, ist Jette in ein Hochhaus gezogen, in den 17. Stock. Wenn ich sie besuchte, musste sie mich stets unten an der Eingangstür abholen, weil der Aufzug nur funktionierte, wenn man den Haustürschlüssel einsteckte, seitdem sich eine junge Frau, die nicht dort wohnte, vom Dach gestürzt hatte.

Wir saßen auf ihrem Balkon und schauten über die Giebel der Stadt. Ich konnte alle Häuser sehen, in denen ich je gelebt hatte, die Schulen und die Kirchen, außerdem die Bushaltestellen und efeubehangenen Ecken, an denen ich das Rauchen angefangen hatte. Ich sah die Imbissbuden und das Eiscafé Europa und das Eiscafé De Lorenzo, in das man ging, wenn man im Europa nicht gesehen werden wollte. Ich sah die Straßenbahn, mit der ich am Wochenende stadtauswärts fuhr, und das Straßenbahndepot, wo ich am Ende der Nacht ausstieg wie Cinderella aus ihrem Kürbis, wo ich das erste Mal von einem Mann verfolgt wurde, nachts, rennend, und später, in der Sicherheit meines Zimmers, hatte ich einen Gedankensturz wie ein paar Jahre zuvor vor dem Rohbau einer Moschee, einen Gedankensturz, an dessen Ende ich begriff, was mir versprochen war. Wir saßen auf dem Balkon und rauchten, und ich wusste: In der Küche gibt es Eiswürfel, Müsli, fettfreien Joghurt in 100g-Bechern, Äpfel, diese komischen Käseschnüre, eine Gurke, Kirschen, ich wusste: In der einen Schublade liegen die schärfsten Messer, die mir je begegnet sind, und ich wusste: Die andere Schublade ist schwer zu öffnen, weil sie vollgestopft ist mit Fluoxetin, mit Magnesiumdragees, mit Gras und Hustenstillern, mit einer Dreimonatsration der Pille und Vitamin-D-Tropfen und Eisentabletten, und es ist seltsam zu wissen, dass dein Gegenüber zwar nichts isst, aber auf jeden Fall schwarze Scheiße hat, schwarz vom Eisen. Wer hat ihr diese Kugel in die Eingeweide geschossen? Wer hat sie so verletzt? Das größte Missverständnis lautet: Meistens trägt niemand Schuld. Es ist seltsam zu wissen, dass dein Gegenüber zwar nichts isst, aber auf jeden Fall schwarze Scheiße hat, als habe sie etwas Altes so lange in sich aufbewahrt, bis es zu verwesen begann. Es ist seltsam, so wie es seltsam ist zu wissen, dass man sich schuldig gemacht hat aneinander. Für jeden Moment, in dem Jette gelitten hat, weil sie nicht aß, weil sie schwach war, weil sie die Schule nicht beenden konnte, weil sie dem männlichen Blick in Gestalt einer Reihe von Gelsenboys nicht standhielt, war da: das Wissen, dass sie mich zu mästen versucht hatte, zu ihrer eigenen Erleichterung, dass sie auf der Stelle trat, jahrelang. Sie ging nicht zur Schule und nicht zur Arbeit, und nicht das hat mich so lange wütend gemacht, sondern die Tatsache, dass sie nie aussprach, dass ihr sinnloser Verzicht etwas war, das man sich leisten können musste. Sie tat alles, um auszusehen wie ein Mädchen, das nicht ist wie die anderen Mädchen, aber natürlich war sie genau so ein ganz normales Mädchen, und ich, ich war es auch, zum Glück, und war ihre Freundin und bin es noch heute und bringe noch immer kein Verständnis auf, bringe es nicht über mich, traurig, aber lieb den Kopf zu wiegen. Da war mal ein Stern, und jetzt ist da eine erschöpfte Frau; da war mal eine Wut, und jetzt ist da kein Hauch mehr; da war mal eine Idee, und jetzt ist da ein Ausbildungsplatz.

Habe ich mich in ihr getäuscht, sie für wütender, radikaler gehalten, als sie jemals war? Es gilt an dieser Stelle den Verrat an der Zeugenschaft um jeden Preis zu vermeiden – ich habe die Schuldigen gesehen und es versäumt, ihnen vor die Füße zu spucken, und doch geht es hier längst nicht mehr um Schuld, und doch bin ich froh, dass wir gemeinsam Mädchen waren, und blicke versöhnlich auf sie und mich, wie wir auf dem Balkon saßen und Kirschen aßen und mit ausgestrecktem Finger auf die Gebäude zu unseren Füßen zeigten, ausgestreckt unsere Arme, unsere Rümpfe, ausgestreckt nach einem leuchtenden Morgen hinter der violett untergehenden Sonne, mit aufgeblähten Lungenflügeln. Ich freute mich so darauf, die Stadt zu verlassen.

***

Ego loves identity.
Drag mocks identity.
Ego hates drag.
RuPaul

***

Melanie Schmitz, Studentin der Medien- und Kommunikationswissenschaften, ist Mitglied im identitären Verband Kontrakultur Halle und wie so viele derer, die ihre Gesinnung teilen – Björn Höcke, Götz Kubitschek, Ellen Kositza, aber auch Holger Apfel, seinerzeit –, eine Binnenmigrantin, ist in den Osten gekommen vom goldenen Westen her, genauer: aus Essen.

Kratzt man ein wenig an der Oberfläche, findet man – und das ist nur ein Beispiel – ein Foto von ihr in den Farben der mittlerweile inaktiven Damenschaft *ADV Atrytone Assindia*, der Unermüdlichen also, und darunter den zwölfmal gelikten Kommentar eines Fans: Sie brachte Sophie Scholl zur Strecke… – mit der scheint sich Schmitz im Gegensatz zu Wychera nicht zu identifizieren.

Schmitz mimt dort, wo Wychera eine besorgte Bald-Mutter ist, die Nazikriegerin, den radikalen Wirrkopf, der auch schon mal über sexy Untersturmführer und die Unmöglichkeit eines Deutschtums ohne Blutsbande philosophiert, immer nah an Apfels Diktum: Aus einer Türkensalami wird auch dann kein Deutschländer-Würstchen, wenn es lange in einem deutschen Kühlschrank liegt.

Sie schafft es, die richtigen Filter zu verwenden, die richtigen Kodizes zu benutzen, wirkt dabei aber eher unausgeglichen, nach dem Motto: broken but strong, was natürlich ganz in ihrem Sinne ist und ihr Klicks und Fans beschert, die Wychera nie ganz erreichen konnte.

Ihr Tumblrblog besticht, auf basale Grundsätze der Search Engine Optimation zurückgreifend, durch eine Reihe von popfeministischen Bildchen und Hashtags: His opinion does not define you, sad'n'sassy, Don't apologize for feeling something or a lot, #endgirlhate.

Sie teilt die Inhalte jener, die sie verachtet, um auf deren Ästhetik, deren kollektive Formen zurückzugreifen, reproduziert also Popkultur und rechte Lektüretipps zugleich, ergänzt um Inhalte wie dem Deutschländer-Würstchen-Spinoff um Ahmed, der durch Geburt in Schweden genauso wenig ein Schwede ist wie Pip die Maus durch Geburt im Pferdestall ein Pferd, und Slogans wie »It's not racist to love your people«. Die meisten ihrer radikalsten Auslassungen sind Reposts des Blogs Zentropista aus dem Umfeld von CasaPound, der sich ausdrücklich zum Faschismus bekennenden Gruppe, die in Rom ein Haus besetzt hält, in dem sie nun ein soziales Zentrum betreibt, mit Fahrradwerkstatt und Suppenküche für »echte Italiener«. Die anonyme Bloggerin von Zentropista (die vielleicht viele ist) und Schmitz verstehen sich, Reposts und Herzchen hin und her, aber die offenherzigsten Positionierungen ihrer Internetbekanntschaft sucht man auf Schmitz' Seite wiederum vergeblich. Da ist zum Beispiel folgende Assemblage: Einige Fotografien von verschiedenen weißen, lächelnden Hollywood-Schauspielerinnen gemeinsam mit Harvey Weinstein. Ein Zitat aus der *Bhagavad Gita*: From the corruption of the women proceeds the confusion of the castes – and therefore, of the races. Ein Foto Weinsteins: runzelig, verfettet, großnasig. Ein Zitat der jüdischen Organisation *The Survivor Mitzvah Project*, die Harvey Weinstein ehrt »for his body of work depicting WWII and the Holocaust«. Da sind, noch offensichtlicher: die Aktivisten mit »Fascists do it better«-Shirts, die *Mein Kampf*-lesende Strapsenschönheit, das »I♥NS«-Graffiti, die Thor-Steinar- und »Rock gegen Links«-Endorsements, die Hakenkreuzkekse oder die im Sprung begriffene, lachende Blondine unter dem Torbogen von Auschwitz.

Schmitz muss angesichts ihrer regelmäßigen, über Jahre hinweg reichenden Repostings anderer Inhalte der Seite, angesichts der Fotos von ihr mit Merchandise der CasaPound-Hausband ZetaZeroAlfa, angesichts der Posts von Zentropista, auf denen Schmitz, ihr Freund Mario Müller, Sellner oder dessen Freundin, die amerikanische »alt-right«-Aktivistin Brittany Pettibone abgebildet sind, angesichts ihrer online verkündeten Freude, als ihr Foto das erste Mal auf dem Zentropista-Blog erscheint, als Kennerin gelten, oder anders gesagt: als vermeintlich stillschweigende Unterstützerin ihrer antisemitischen Message. Als Autorin dieses Textes ist mir das justiziable Potential der Nennung der Faschistinnen, Rassistinnen und Antisemitinnen bei ihren Namen Mal ums Mal in Erinnerung gerufen worden. Es bliebe eine Reihe an Folgefragen zu beantworten, beginnend mit: Was sagt es über eine Gesellschaft, dass es schwerer wiegt, jemanden des politischen Hasses zu bezichtigen, als selbst politisch zu hassen? Was kann man den Faschisten schon entgegensetzen, wenn man sich verbietet, sie präzise zu bezeichnen? In den vermeintlich unangreifbaren, unterschwelligen Zwischenräumen der digitalen Halböffentlichkeit bauen sie derweil weiter an ihren Netzwerken. Die stille Solidarisierung ist eine zentrale Figur identitärer Praxis. Sie ist kaum verschleiert zu nennen, schließlich liegen die Informationen offen da, für jeden einsehbar, und das bewusst: Wychera retweetet Richard Spencer (bekannt als Erfinder des Begriffs *alt-right* und für seine Hitlergrüße beim Karaoke). Ingrid Weiss, Neu-Leipziger Identitäre aus der Vojvodina, beschriftet ein Selfie mit den Worten »Amour, Absinthe, Revolution« – was zufällig auch der Titel des Zentropista-Tumblrs ist. Ihr Freund, der Leipziger Ortsgruppenleiter Alexander »Malenki«, ist etwas zurückhaltender und findet: »Manche Lifestyle-

Sachen sind nais.« Müller wiederum zeichnet »die Zentropisten« in seinem kleinen IB-Kompendium *Kontrakultur* als eine Art kryptisch-mystische rechte Antwort aufs Unsichtbare Komitee. Dem steht Schmitz' herzzerreißend schwachsinnige und dabei ganz und gar nicht kryptische Vision aus dem Sommer 2015 gegenüber: »Fascist style im Café sitzen, Ray Ban auf, Buch auf dem Tisch; Schlagring in der Tasche.«

Im letzten Post, den Schmitz veröffentlichen konnte, bevor auch ihr Instagram-Account gesperrt wurde, klagt sie über den Verlust ihres Jobs infolge eines anonymen Briefes an ihren Arbeitgeber, in dem sie als Identitäre identifiziert wird. In einem längeren Text wütet sie also gegen die repressiven, unfreiheitlichen Methoden des Antifa-Establishments, das im Übrigen mit der Arbeiterklasse unsolidarisch sei, daneben: ein Foto, darauf: Schmitz, schwarzer Lidstrich, silberne Creolen, Wut im Bauch, unerbittlicher Blick in die Kamera, Piercing im Philtrum, in der Ellenbeuge die Andeutung eines floralen Tattoos. Auf ihrem T-Shirt steht: »Good Night, Left Side«. Hinter ihr: ein ganz normales, hübsch eingerichtetes Zimmer, über dem Bett: die Flagge von CasaPound, auf rotem Grund ein weiß begrenzter schwarzer Kreis, darin die schwarzweiße Totale einer Schildkröte mit ihrem Panzer. Mit dem letzten Foto, das Schmitz auf dieser Plattform unbehelligt veröffentlicht, bekennt sie sich aufs Neue zum Faschismus.

***

Ok guys so this is a critical post about nowadays #makeup trends. I dont really know what I hate most: all of these internet makeup trends or myself not being able to resist them. Look at the makeup in the picture: yes, I know, there are people that can do better jobs but what I want to show you is: do I actually look like a woman or could I also be a man? My eyebrows are fake, my lashes are false, my face is contured to death. When I look into the mirror, in the first moment I find this oustandingly sexy. In the next moment I realize that I could also be a drag queen. Indeed there are dragqueens that manage to look like very hot women but normally you often see through the extremely good makeup skills that they are men – but it is getting harder with time, because women are stealing their techniques. Contouring, bold eyebrows, false lashes: these are drag techniques. Techniques that make a woman out of a man. Painting on a whole new face, a fake bone structure even. So please imagine how fake women are. What unrealistic beauty standards women themselves create. We would all be fucking disgusted if every woman stoped wearing makeup in this moment. We dont even know what is natural anymore. This is not an anti makeup butthurt post but please imagine the pressure you put on yourself when you do not question this. I dont want people to stop doing their makeup but I want people to start thinking about what they are doing and which trend they are following. I myself am a bit sad right now that I want to let go of the look in the picture – just because I want to feel good about myself again. For a long time I didnt feel as pretty as today wearing that shitload of paint. I will never put makeup aside completely but I want to reduce it, I want a healthy relationship to it. I want to stop fooling myself and feel pretty with a realistic, feminin, natural human face again. [sic!]

Melanie Schmitz aka rebellanie via instagram

***

Schmitz singt auch. Akustikcover von Boy, OutKast, Von Thronstahl oder The Smiths. Politisch unverdächtige Girls, schwarze Amerikaner, rechtsradikaler Neofolk, Indierock mit mittlerweile bekennend rechtem Frontsänger. Ihre Talente stellt sie auch der »Bewegung« zur Vefügung, als Teil des Chanson-Duos Varieté Identitaire. Kurz vor der Meck-Pomm-Wahl im vorvergangenen Sommer veröffentlichte die Band Jennifer Rostock ihr Anti-AfD-Lied: Bist du alleinerziehend und willst nicht / dass der Staat dich unterstützt / dann wähl die AfD / Willst du ne Steuerpolitik / die nur dem Großverdiener nützt / dann wähl die AfD / Willst du, dass man Sozialleistungen kürzt und sowieso / Was spricht schon gegen Arbeit unter Mindestlohnniveau? / Dann wähl die AfD / Wähl die AfD. Sogleich schritten Schmitz und ihr Kompagnon Till-Lucas Wessels zur Antwort, die, wie bei der IB üblich, ein genaues Abziehbild des Originals ist, selbst das Brecht-Zitat – Nur die dümmsten Kälber / Wählen ihre Metzger selber – wird erneut bemüht. Es handelt sich um eine Antwort, die in Form der Kopie auftritt, weil ihre Macher nicht vermögen, über das Parodierte hinauszuweisen. Ihr in den entsprechenden Kreisen vielgerühmter »Konter« wurde einer größeren Öffentlichkeit bekannt, nachdem sie ihn bei der AfD-Wahlparty in Schwerin spielten, beklatscht von Müller, der zweimal wegen Körperverletzung vorbestraft ist, auch schon mal beim Kirchheimer Kongress der NPD-Jugendorganisation Junge Nationaldemokraten gesichtet wurde und von sich selbst sagt, er sei mal das gewesen, was man einen Nazi nennen dürfe. Schmitz singt: Am Ende dieses fulminanten Multikulti-Traumes / Wartet auf uns der Verlust des öffentlichen Raumes / Gegen diese Invasion / Hilft nur eins, Remigration, und: Deshalb heißt die Direktive / Wählt die Alternative!

***

Da ist auch: Alice Weidel, und natürlich gäbe es vieles, was man über sie sagen könnte, als Rechte, als Nutznießerin linker Kampfergebnisse. Man könnte ihre Frau erwähnen, über deren Herkunft bereits genug gesprochen worden ist, ihre Kinder, die Unstimmigkeiten bezüglich ihres Wohnorts, ihrer Steuern, man könnte daran erinnern, dass sie – mehr noch als jeder Doppelpässler – eine Exitstrategie hat, dass sie jederzeit unbekümmert über den Bodensee hüpfen kann und sich doch erdreistet, uns von Deutschland zu erzählen. Ich aber sage nur: Alice, du goldene Walküre, die Geschichtsbücher rufen deinen Namen, sie mahnen, eine Dämmerung wird kommen, Alice Weidel, mahnen sie, hast du noch nie von Röhm gehört?

Da ist einmal gewesen: Nazina, deren Nickname ein Portemanteau aus Nazi und ihrem Vornamen Ina darstellte. Dass ihr Instagram-Account verschwand, nur um Monate später unter neuem Namen wieder aufzutauchen, könnte, in Anbetracht ihrer verfassungsfeindlichen Auslassungen, zwar durchaus am Hate-Speech-Verbot liegen, genauso gut ist es aber möglich, dass Nazina sich – nach jobbedingtem Umzug aus dem Ruhrgebiet nach Bayern und im letzten Schwangerschaftstrimester – selbst dazu entschlossen hat, ihr neues, bürgerliches Leben sorgsamer zu hüten. Auf den ehemals verschollenen Fotos jedenfalls trägt sie ihre Augenbrauen abrasiert und mit schwarzem Kajal wieder aufgemalt, was ihren Gesichtsausdruck über alle Maßen melancholisch wirken lässt, dazu schwarzgefärbtes Haar. Im Urlaub sieht man sie auch mal im pinken Dirndl, im Arbeitsleben eher als Rockabilly-Girl. Am Wochenende entspannt sie sich in Loungewear von Thor Steinar. Sie fuhr mit ihrem Schatz zum Pauschalurlaub nach Hurghada, wo sie Fotos von sich im Hard Rock Café und beim Quadfahren in der Wüste schossen, sie reisten zum Oktoberfest und besichtigten den Obersalzberg. Eine ihrer Bildungsreisen führte die gebürtige Duisburgerin ins KZ Buchenwald, wo sie in einem unbeobachteten Moment mit ihrem »Mein Beutel ist wichtiger als Israel«-Jutebeutel vor den Öfen des Krematoriums posierte – #sunday #aktivism #holowas.

SS-Siggis Die Rechte, Dortmund, Balaclavas, Bengalos, Demos, schwarze Klamotte, Holocaustleugnung, Thor Steinar: Nazina bediente und bedient die gesamte Klaviatur rechtsautonomer Identitäten mühelos. Die Kodizes und Verhaltensmuster, die sich ihr Milieu von der Linken abgeschaut hat, können von den Identitären verwertet werden, Nazinas lange Zeit nicht vorhandener Wille, sich von der eigenen Klasse, die irgendwo zwischen arbeitslosen Arbeitern und aufstrebendem Kleinbürgertum angesiedelt ist, zu distanzieren, kann es wiederum genauso wenig wie ihr Beharren auf einem strikt nationalsozialistischen Programm, das dem lateinischen »Remigration« das muttersprachliche »Ausländer raus« vorzieht.

Trotz allem ist Nazina natürlich keine Witzfigur. Sie markiert, vor allem aber markierte sie, in der wilden Zeit vor ihrer Mutterschaft, früher also markierte sie innerhalb einer politischen Logik der Mitte und der Extreme den äußersten, radikalen Rand zeitgenössischer deutscher Gesinnung. Im rechten Universum wird das linke Ende dieses Spektrums von Weidels AfD begrenzt, deren mit etwas zivilisierterem Vokabular hetzende Mitglieder seit einiger Zeit als »gemäßigt« gelten. In der Mitte dieser menschenfeindlichen Ordnung stehen diejenigen, die am meisten von der politischen Logik des Hufeisens profitieren, denen die Extremismustheorie kein Dorn im Auge ist, sondern Lebensatem: die Identitären und verwandte Organisationen, die die Partei als trojanisches Pferd der »Bewegung« betrachten und sich selbst als Vertreterinnen des vielbeschworenen gesunden Volksempfindens. Wie gesagt: Die Mitte ist kein Ort, sie bezeichnet eine verhältnismäßige Distanz zu dem, was in einem undurchsichtigen gesellschaftspolitischen Verfahren als Rand markiert wurde. Die Verortung der Ränder ist Gegenstand täglicher Kämpfe, und die werden auch geführt, vor unseren Augen.

***

Vielleicht geht es hier am allermeisten um Nachhaltigkeit. Vielleicht lässt sich die Funktionsweise der Identitären »Bewegung« noch am ehesten mit der Metapher des Waldes beschreiben. Ganz im Sinne der nachhaltigen Forstwirtschaft werden hier versuchsweise junge Bäumchen herangezüchtet, die viel später erst, in Jahren – gefällt und zur Galeere verbaut –, ihren Beitrag für die gerechte Sache, die eine nationale ist, leisten werden. Das Englische kennt für die Annäherungsphase, die beispielsweise einem Kindesmissbrauch vorangehen kann, den Begriff des *Grooming*, der Täter freundet sich mit dem Kind an und bereitet es schrittweise auf das Akzeptieren eines Verhaltens vor, das es ansonsten, aufgrund seiner Intuition und Erziehung, als unangemessen und grenzüberschreitend erkennen würde.

***

Schmitz zitiert Hitler, der bekanntermaßen nichts von Leichen in der Wohnung hielt, nahezu wörtlich, wenn sie neben einem Foto, auf dem sie in Linz, des Führers Lieblingsstadt, mit einem großen Strauß Blumen abgebildet ist, notiert: I actually don't like cut flowers because it makes me really sad to watch them slowly die.

In *Sieg des Glaubens* kann man in Minute 12:12 sehen, was passierte, wenn Hitler Blumen überreicht wurden: Nach einem kurzen Fake-Lächeln schmeißt er den Strauß dem überrumpelten Heß auf den Schoß. Später wurde der Film auch dieser Szene wegen für gescheitert erklärt. In *Triumph des Willens* kommt es dann auch nicht mehr zu spontanen, die Inszenierung gefährdenden Ausbrüchen von Subjektivität wie diesem.

***

Stürmt, vorwärts, ihr Toten von Buda
Ihr Toten von Pest, brecht hervor!
Studenten, Bauern, und Arbeiter, nie
steigt die Sonne im Osten empor.

VOLKSMUND
Avanti Ragazzi di Buda, in der Übersetzung
des Variété Identitaire

***

Das im Zusammenhang mit der Schminktechnik *Highlighting und Contouring* am häufigsten verwendete Schlagwort ist *blending*. Blending, das heißt verteilen, *to blend in* heißt, sich eingliedern, assimilieren, unauffällig sein. Blending ist notwendig, wenn man verschiedene Töne sehr hellen und sehr dunklen Make-ups aufgetragen hat, um die Konturen des eigenen Gesichts mithilfe optischer Täuschungen umzuformen. Es ist eine Praxis, die ihre Ursprünge in der Künstlichkeit der Theaterbühne und – das beobachtet Schmitz sehr richtig – im flüssigen Umgang queerer Ästhetiken mit »Natürlichkeit« hat. Zuerst waren da aber Bühnenverbote für Frauen, waren da Boys, die Girls spielten, weil die Girls das nicht – und auch sonst nichts – durften. Man könnte auch sagen, zu Beginn war da das Patriarchat, ihm folgte die Auflehnung, drosch auf es ein, mit seinen eigenen, zweckentfremdeten Waffen. Schmitz' Irritation über das enge Verhältnis zwischen dem geschätzten Schminkstil und queerer Verfahren ist zwar einerseits nicht überraschend, andererseits ist sie es aber doch, schließlich gehört die Travestie (mit der Schmitz die Transsexualität absichtlich zu verwechseln scheint), zu den zentralen Techniken zeitgenössischer rechtsradikaler Rhetorik und war als solche beispielsweise zu beobachten, als Frauke Petry in ihrer Neujahrsansprache 2017 Brechts *Kinderhymne* zitierte: Anmut sparet nicht noch Mühe / Leidenschaft nicht noch Verstand / dass ein gutes Deutschland blühe / Wie ein andres gutes Land // Und weil wir dies Land verbessern / Lieben und beschirmen wir's / Und das Liebste mag's uns scheinen / So wie andern Völkern ihrs.

Die Travestie besteht in jenem Sprechakt, der die Realität beim Sprechen ihr selbst zum Trotz herstellt. Dahinter steht eine klingende Gedankenkette: Was ich sage, ist legitim. Was legitim ist, ist wahr. Eine Wahrheit darüber hinaus – auch so eine basale wie »Brecht hätte Petry verachtet« – ist irrelevant.

Und da liegt dann also das Verkleidete, die Travestie als Farce, in all seiner Nacktheit vor uns, was nur daran liegt, dass Petrys schamloses Sampling altmodischer, weniger in sich verwoben ist als das der Identitären. Die Quittung hat sie, die von ihrem neuen Lover ins Verderben gezogen wurde, längst kassiert.

***

The question why just a modicum of german women are interested in politics or political activism, is hard enough to answer. But why is it that the women themselves are those, who keep away or even scare off other females?

Whether in politics or in completely other fields, it does not matter if it is the best friend or the arch enemy: women are always in a constant state of rivalry. And this is just sick.

Long enough I myself suffered from this hysterical, weak and dumb behavior. Surely I am not completely cured from it, as I also just love to get mad about things too much. Maybe this is also a part of the highly emotional nature of women. But since I am dealing with these emotions and since I realized the necessity of repressing myself, I simply feel way better – especially with myself.

I don't want an idyllic world in which everyone loves another.

Certainly there will be situations where you are angry about other women enjoying benefits, just because they have certain (physical) advatages. There will also be women, just as many as men, you simply hate although you haven't even talked to them.

Ending the irrational hate between women does not mean that you have to love every other woman without exception. It also does not mean that you now have to gang together to some homoerotic-like community, in which you can finally nominate the male as root of all evil.

It simply means that women have to stop humiliating other women for being women. We have to stop this competition, that sickens us, in which we distance from the others just to let ourselves look better. We have to take sane and healthy pride in being women, instead of claiming not to be like the others. Above all we have to stop the back-stabbing way of trampling other women under foot just for the regards of men.

We have to learn that the success of other women is not our failure. We have to appreciate others, without questioning ourselves. Just this behavior is what we sense as and what makes us wretched.

We sould use this competition in a positive way, to cheer others on, help each other grow and blossom. We should feel more comradely feelings, which no friendship with a man could ever give us. Just like men found it in other men, we have to rediscover the irreplaceable benefits of the friendship with our consexuals.

Women should finally start encouraging other women, insetad of drowning in their hatred, envy and distrust. [sic!]

Melanie Schmitz, aka la-grive via tumblr

***

Schmitz postet Bilder von ihrem opulenten Frühstück neben Fotos eines soeben Ermordeten und einer um ihn an seiner Seite Trauernden in London – Kassandra, die Ungehörte, die immer in allem bestätigt wird, im

Nachhinein: Das ist ihr Auftritt. Wie kann man über so jemanden sprechen? Über jemanden, die eine große Unsicherheit mit großer Sicherheit trägt? Schmitz beim Hantelnheben. Ihre Schlüsselbeine. Ihre Vintagekleider. Ihr veganer Kuchen. Sie erinnert mich sehr genau an verschiedene Mädchen, die ich gehasst oder geliebt habe, aber natürlich gibt es ihn, den zentralen Unterschied.

***

Ich hätte Schmitz, die in meinem Alter ist, als Fünfzehn-, Sechzehnjährige, durchaus im *Panic Room* treffen können, einer rockigen Bar oder Kneipe oder Disko, so genau kann man das gar nicht sagen, an jenem Rand der Essener Fußgängerzone, den wir seinerzeit der Einfachheit halber Asi-Stadt nannten, im *Panic Room*, wo die Shots Ficken, Blasen und Orgasmus hießen, die Cocktails riesengroß und günstig waren, wo Jette und ich meist gegen Mitternacht aufliefen. Die Zeit davor verbrachten wir in einer ebenso altertümlichen wie tragischen Kneipe namens *Im Büro*, von deren holzvertäfelten Wänden die knackigen Boys der Dolce & Gabbana-Werbung auf die schwule, alte und auf jeden Fall irgendwie prekarisierte Stammkundschaft schauten, neben der noch zwei Frauen anwesend waren – die selbstverständlich sehr resolute Barfrau und die scheinbar einzige Stammkundin, eine ungefähr fünfzigjährige Lesbe in Lederkluft, die zu ausführlichen, lauten und immer interessanten Selbstgesprächen und -auskünften neigte.

Ins *Büro* gingen wir, weil uns Jettes viel zu alter, schäbiger Ex-Freund auf die Happy Hour hingewiesen hatte, die aus genau einem, dafür aber sehr guten, Angebot bestand: Bis 12 jeder Longdrink 1€. Meistens saß da schon irgendjemand, den wir, also Jette, flüchtig kannten, und der vorsorglich zwanzig Longdrinks bestellt hatte, die alle darauf warteten, getrunken zu werden. Dass uns niemand dieser schätzungsweise Mitte zwanzigjährigen, ekligen heterosexuellen Männer, dieser Tims und Stöpsels und Mirkos und Andis, die wir also Bekannte nannten, dass keiner von ihnen uns vergiftet und auf der Kneipentoilette vergewaltigt hat, gehört zu den Glücksfällen und Rätseln meiner Jugend.

Jedenfalls hätte ich Schmitz durchaus treffen können, mit ihrem hennaroten Haar, in ihrem Iron-Maiden-Top, verschwitzt vom Pogen, Hansa-trinkend vor dem Laden, dort wo die Crème de la Crème abhing, herumtollend mit »den Jungs«: riesigen, wikingerartigen – man kann es gar nicht anders sagen – Deutschen, mit beneidenswert glänzendem, hüftlangem glatten Haar, die zusammenhangslos »Thor« schrien und »Odin«, Faxe exten, Quatsch machten und eben auch mit Jugendlichen abhingen, weil im Maschinenbaustudium sonst keiner mit ihnen sprach. Vielleicht hab ich mit Schmitz schon mal eine Runde Flunkyball gespielt, oder vielleicht hab ich ihr eine Zigarette geschenkt, oder sie hat mich an ihrem Joint ziehen lassen. Es fragt sich, ob das, was in der Zwischenzeit passiert ist, damals schon geschehen war.

Vom *Büro* jedenfalls ist heute keine Spur mehr übrig. Die Kneipe schloss sang- und klanglos, das Schild wurde abmontiert, und ich könnte nicht einmal genau sagen, was für ein Geschäft an ihrer Stelle eingezogen ist, weil ich auch die Stelle nicht mehr genau kenne, weil sie eingeschlafen ist wie ein tauber Fleck am Körper.

***

Je länger man etwas zu konservieren versucht, umso wahrscheinlicher beginnt es zu faulen. Die Metapher der Reinheit hat ihr Gegenüber in der Metapher der Fäulnis, der Verwesung, des Gewesenen, aus gutem Grund Unwiederbringlichen.

***

Schaut man einem Teenager ins Gesicht, sieht man ein Kind, das zum Erwachsenen wird: etwas Süßes, das etwas Gefährliches wird, eine Erinnerung daran, dass alles vergehen muss.

***

Narrabo nomen tuum, das heißt: Von deinem Namen will ich erzählen, das heißt: Deinen Namen will ich erzählen, das heißt: Ich will deinen Namen predigen, ich will dich rühmen, das heißt: Ich vergesse nicht, und die Anzahl derer, die nicht vergessen, ist am Ende eben doch ein zaghaftes Wir, das heißt: Davon kann man halten, was man will, das heißt: Ich halte selbst nicht viel davon, und doch stimmt es.

Das letzte Wort haben die Angerufenen.

GÖTTERDÄMMERUNG

Weil immer beendet werden muss, was einmal angefangen wurde, und auch, weil wir in der Spätsommerhitze eine Liebe zum Land und seinen Leuten aufflammen spürten, beschlossen Pascal und ich, das letzte verbliebene Nationaldenkmal auf seiner Liste abzuhaken, und machten uns also auf den Weg zur Walhalla.

Wir fuhren Regionalexpress, durchquerten das Vogtland, passierten die tragischen Crystal-Dörfer Frankens, die die Wende noch nicht erreicht zu haben schien, wir sahen die schiefen Giebel Bambergs hinter den Lärmschutzwänden hervorlugen, stiegen in Nürnberg um und schworen uns, im nächsten Jahr das Reichsparteitagsgelände zu besichtigen, wir lasen die *Süddeutsche* und aßen Stullen und schwitzten und beobachteten die Einheimischen, die nicht weniger seltsam als die Sachsen waren, deren lebensfrohe und kernige Art uns aber nichtsdestotrotz weniger argwöhnisch machte.

Bald hatten wir all die Wurst verschlungen, all die Biere getrunken, die wir bei uns trugen, wir hatten den DAX diskutiert und uns die Fettfinger am Feuilleton abgewischt, wir hatten eine halbe Stunde lang das Bild einer Soldatin mit zwischen die Beine geklemmtem Gewehr analysiert und für furchtbar befunden, aber wir waren noch nicht bereit, einen Blick in die mitgenommenen Taschenbücher zu werfen, also hörten wir, mit geteilten Ohrstöpseln wie Jugendliche, Musik auf meinem Telefon. Pascal wunderte sich längst nicht mehr über die Playlist.

***

Eines Nachmittags, ich war vielleicht siebzehn und lag auf dem Sofa, fragte meine Mutter mich unvermittelt, ob ich eigentlich Sido kenne. Ich bejahte. Der sei ja reizend, meinte sie, sie habe ihn bei Maischberger gesehen, wo er über ein sozialpädagogisches Projekt für benachteiligte Jugendliche gesprochen habe, das er unterstütze, und überhaupt, solche wie ihn müsste es ohnehin viel mehr geben. Sie habe sich auch ein paar Lieder angehört, sagte meine Mutter, und ich wisse ja, dass das nicht direkt ihre Musik sei, aber doch sehr eingängig und irgendwie witzig. Ich sah, wie sich unsere zart geblümten Gardinen sanft in jenem Wind bewegten, den die Öffnung des revolutionären Fensters verursacht hatte, durch das zu steigen ich mich nun anschickte, indem ich fragte, ob sie auch seinen *Arschficksong* kenne. Drei Minuten später legte sie zwar die Stirn in Falten, schien jedoch weniger leicht zu beeindrucken, als ich angenommen hatte, möglicherweise war meine Mutter längst ein Aggro-Girl geworden. Sie bekannte, das sei natürlich nicht gerade nach ihrem Geschmack, aber offensichtlich eine gezielt provokative Jugendsünde, und sie sehe nicht ein, den Mann deswegen zu verteufeln, wenn er doch sonst so gute Arbeit leiste, und das hier von ihm gefalle ihr übrigens ganz gut, und dann machte sie *Schlechtes Vorbild* an, das ich ohnehin auswendig konnte.

***

Wir erreichten den nördlichsten Punkt der Donau mit dem Bus. Es war schon dunkel und kälter als erwartet, trotzdem waren die Mücken gnadenlos. Die Hauptstraße säumten – wie hätte es auch anders sein sollen – Rhododendren, hinter denen sich cremefarbene Villen versteckten. Wir kannten die Route nicht und bogen, den blauen Punkt auf Google Maps, der wir waren, immer vor Augen, in einen lichtlosen Waldweg ein. Ich weiß nicht, was ich erwartete, auf jeden Fall nicht das, was ich bald sah. Guck mal, meinte Pascal, als wir nach Minuten in der Dunkelheit eine kleine Lichtung betraten und der Mond sich aus dem Blattwerk schälte, da ist sie, und zeigte in die Ferne, vor allem aber in die Höhe, und dort entdeckte ich sie dann, die Walhalla, ein strahlendes Monument auf einem Hügel am Rande der Stadt, Golgota nicht ganz unähnlich. Sie wuchs aus dem Laub der Bäume empor wie ein giftiger germanischer Pilz, ich dachte an den lebensgefährlichen Bleiweißen Firnis-Trichterling, an den Hallimasch, der tote Bäume leuchten lässt, und fürchtete mich.

***

Als Mädchen habe ich viel Zeit in der Stadtbücherei verbracht. Immer mal wieder schlich ich die Treppe hinunter, um im Hinterhof, in einer von Efeu umkränzten Ecke zu rauchen, anfangs rote John Player Special, später dann blaue Gauloises. Danach schob ich mir ein Kaugummi in den Mund und schlich wieder hoch in die Bücherei, wo ich die im Rückblick erstaunlich gute CD-Sammlung durchsah und nach dem Cover auswählte, was mir gefiel. Den Rest der Zeit, bis es zu dämmern begann, las ich Gedichte. Ich hatte auch sonst nichts zu tun, also hockte ich, mich durch mein Cherry-Airwaves malmend, auf dem Linoleum, mit dem Rücken zur Heizung, drei Jahre lang, bis es Zeit wurde, dass es Zeit war.

In einem verglasten Kabuff im Eingangsfoyer des Gebäudes, gegenüber der Drehtür auf der einen und dem Hintereingang, durch den ich für meine Zigarettenpausen hindurchmusste, auf der anderen Seite, saß Arthur, der Hausmeister. Meistens las er und hörte leise WDR 2, das Beste aus den Siebzigern, Achtzigern und Neunzigern. Er machte überhaupt keinen verdächtigen Eindruck, aber trotzdem war ich stets in Habtachtstellung, denn er und meine Mutter kannten sich. Es gab ein Gespräch, das sie in endlosen Variationen miteinander führten. Meine Mutter begann beispielsweise, indem sie erzählte, dass ihr eine ehemalige Studienkollegin, die sie immer schon im Stasiverdacht gehabt habe, auf Facebook vorgeschlagen wurde, und weiter: Diese Stasi-Alte macht idiotische Fotos von sich beim Kaffeetrinken im Sonnenschein mit ihren Eltern, und in Gelsenkirchen regnet es seit drei Wochen, was für ein Hohn. Was ist Gerechtigkeit?, fragte sie nicht – obwohl das die zugrundeliegende Frage war –, und dann sagte Arthur beispielsweise, es sei witzig, dass sie das sage, gerade eben erst habe ihm seine Schwester ein Foto geschickt vom Orangenbaum, hier Schneeregen und in Haifa würden bald die Orangen geerntet, aber, sagte Arthur dann, schließlich war das der Moment, in dem einer der beiden traditionellerweise eine Lanze für Gelsenkirchen brach, was nützen mir die schönsten Orangen ohne meine Ruhe. Hier sind meine Kinder sicher. Welcherart ist diese Sicherheit?, fragte er nicht – auch wenn das die zugrundeliegende Frage war –, und meine Mutter nickte und rühmte die gesetzlichen Krankenversicherungen, unkorrumpierbaren Behörden und die verlässliche Wasserversorgung des Landes. Gemeinsam verfielen sie am Ende eines solchen Gesprächs in einen Hymnus auf die unverbindlichen Smalltalks des Westens, auf den Mangel an unangekündigt klingelnden Nachbarn und Bekannten, auf die schönen Stunden, die sie hier verbracht hatten, seitdem sie gelernt hatten, genauso freimütig und trocken Nein zu sagen wie die sogenannte autochthone Bevölkerung. Zu guter Letzt verabschiedeten sie sich, und ich sagte schüchtern Tschüssi, und wir verließen das Gebäude, und eben weil ich mich schon so oft von Arthur verabschiedet hatte, huschte ich stets geduckt an ihm vorbei durch die automatische

Schiebetür in den Hinterhof, begleitet von Bonnie Tyler.

***

Ich hatte noch nie eine so breite, so steile Treppe gesehen. Zuerst dachte ich an von Schlingpflanzen überwucherte Mayatempel, dann an Serenitys Palast bei *Sailor Moon*. Am obersten Treppenabsatz, durch die Distanz und Steigung seltsam verzerrt, stand ein megalomaner Tempel, der mir vage bekannt vorkam. Bevor ich etwas sagen konnte, soufflierte Pascal, die Walhalla sei, aller nordischen Folklore zum Trotz, ein genaues Abbild des Parthenons. Eigentlich hatten wir damit gerechnet, dass es sich hier um ein museales Gelände handelte, dass uns jederzeit ein Maschendrahtzaun Einhalt geböte und wir also in den menschenleeren, feuchten Donauauen würden zelten müssen. Stattdessen hörten wir leise Stimmen, es roch nach Gras, dann Gelächter und das Rauschen des Windes in den Kiefern, die Pfahlwurzeln haben, die mit wenig auskommen, die in sandigen Böden wachsen und in kalkigen, die sich fest einschlagen in denjenigen Grund, den sie zu ihrem erklärt haben.

***

Zu meinen frühesten Kindheitserinnerungen zählt, wie meine Mutter in unserem winzigen, himmelblau gefliesten Badezimmer steht, vor dem Spiegel, mit einer metallenen Rundbürste von Woolworth in der Hand, die in unserem Haushalt überhaupt keine Berechtigung hatte, weil meine Mutter nicht der Typ ist, der sich jeden Morgen die Haare glattföhnt. Sie steht also vor dem Spiegel, greift zur unerklärlichen Woolworth-Rundbürste, mustert ihr Spiegelbild wohlwollend und singt, nein, schreit eigentlich, ihren Namen, dreht sich dann mit einer eleganten Pirouette aus dem Badezimmer heraus – der Raum ist so schmal, dass alles, was aus den Regalen ragt, zu Boden fällt –, dreht sich in den Flur, wo ich stehe, ihr Fan, der sie wie ein Schatten begleitet, und singt weiter: You! Are! The Most! Beautiful Girl!, womit sie offensichtlich sich meint, aber eben auch mich, ihre Verlängerung. Der Song blieb, aber andere folgten, die Haarbürsten-Setlist ist mit den Jahren immer länger geworden, meine Mutter ist Romina Power, und mein Vater ist ein nuschelnder Al Bano, du, immer du, mit deinen Liedern, die du mir singst, mit deiner melancholischen Poesie; zusammen sind wir eine zweiköpfige Vaçe Zela, Mutter, ich schneide meinen Zopf ab und gehe in die Berge, Genossinnen und Genossen erwarten mich dort, wo die Gipfel die Wolken küssen, zusammen werden wir ganz eingesogen von der Nationalromantik, von der gelogenen Emanzipation, hinaus Mutter, benachrichtige die Hochzeitsgesellschaft, denn ich werde Partisanin, mach mich nicht zur Braut der Gewohnheit, ich nehm ein Gewehr, ich geh hinauf in die Berge, zusammen lassen wir uns einwickeln von der

Propaganda und ihrem winzigen Wahrheitsgehalt, bis wir ganz gerührt sind, frag nicht die Vögel in den Wäldern, wo ich war und wo nicht, Spur um Spur hinterlass ich dir ein paar Sterne, dass du mich überall findest, o Mutter, bis mein Vater verständnislos den Kopf schüttelt und wir verschämt kichernd die Echtholz-Haarbürsten von dm sinken lassen.

***

Oben angekommen stellten wir fest, dass sich ganz Regensburg an lauen Sommerabenden – denn hier oben war es viel wärmer als am Ufer – auf den oberen Stufen der Walhalla trifft, um zu trinken, zu rauchen und mit ihren Stahltrommeln und Pokémons zu spielen. Nachdem wir das Areal umrundet hatten – Marmor, überall Marmor, Säulengänge, Stufen, Balustraden, Griechenland, Antike, man spürte den Ewigen schon seinen Hammer schwingen, ganz gleich ob Zeus oder Thor –, ließen wir uns zwischen zwei Säulen nieder, fochten zärtliche Momente aus, mit Blick auf die Milchstraße, die so instabil ist, dass jede Taschenlampe, jedes Irrlicht sie gefährdet, und ließen uns von Glumanda!- und Schiggy!-Rufen in den Schlaf wiegen.

Am nächsten Morgen erwachten wir mit hochroten Köpfen – sie wandert, die Sonne – neben ein paar Yoga-Enthusiasten, zahlten sechs Euro und betraten das Allerheiligste durch ein grünes Drehkreuz.

***

Im Nachhinein betrachtet war auch unsere Jugend eine Aneinanderreihung exemplarischer Meilensteine: Kiffen auf dem Spielplatz, Dubstep-Partys in schwülen Kellern, missglückte Dates, und danach, am nächsten Tag, die Reise in der 302, der deprimierendsten, heimeligsten aller Straßenbahnlinien, zurück nach Bochum, wo ich Darja traf, die aus der entgegengesetzten Richtung anreiste, mit der U35 aus der Hustadt, immer ein bisschen zu spät, nach einem letzten Sprint im Schatten der Wohntürme. Anfangs gingen wir ins Café Konkret, später ins Orlando, wo die Wahrscheinlichkeit, gespottet oder gar belauscht zu werden, zwar höher war, die Luft allerdings auch besser. Später kam Paul dazu, mit dem CE31 aus Hattingen, wo Friede herrscht und nur das Muhen der Kühe die rauschende Ruhr übertönt. Gemeinsam erörterten wir die Highlights des Wochenendes oder des letzten Abends oder manchmal, als notorische Schwänzer, des letzten Vormittags, und am Abend läuteten wir die Nacht ein, gemeinsam mit Sido, der stets auf dem Handy dabei war.

Später dann, als wir die Stadt verließen, nahm unsere Liebe zu Paul Hartmut Würdig die Form des liebevollen Klischees an, der sich zärtlich selbst erfüllenden Prophezeiung: Seine Lieder haben auf uns heute den gleichen Effekt wie Knödel von Omma auf andere Heimwehkranke, wobei es sich hier natürlich nicht nur um Heimweh nach einem Ort handelt – mein Viertel, meine Gegend, mein Zuhause –, sondern um die Sehnsucht nach einer gewissen Sorglosigkeit, die wir gar nicht wirklich vermissen – ich kann Lidl nicht mehr sehn, ich will Kaviar und Weißwein –, sondern eher in dunklen Momenten hochhalten – man lernt nicht, dass Feuer heiß ist, ohne es mal anzufassen –, als Mahnmal und Standarte.

***

Ich hatte mir vor unserer Reise keinen Überblick verschafft, und ahnte nicht, dass ich das, was ich hier sah, noch würde gebrauchen können; ich wusste nichts von den Jungfrauen und Märtyrerinnen und Regentinnen, die hier zwischen Männerhorden versteckt waren. Parthenon, flüsterte Pascal mir zu, ist altgriechisch für Jungfrauengemach. Wir betraten den Saal, es war ein vielleicht hundert Quadratmeter großer, vollständig mit verschiedenfarbigem Marmor ausgekleideter Raum, dessen Wände auf drei Etagen mit Büsten bedeutender Persönlichkeiten »teutscher Zunge«, wie Ludwig I. es seinerzeit verfügt hatte, säumten, außerdem waren sie bis an die Decke tapeziert mit Plaketten für diejenigen Leute, die schon irgendwie wichtig, aber nicht wichtig genug waren. Ich reckte den Hals und besah mir alles und dachte: »Teutsche Zunge«, das bin ja ich! Und während sich Pascal, schon leicht aus dem Häuschen, auf die Suche nach Heine machte, identifizierte ich die Büste, die direkt vor mir stand, als Bildnis Edith Steins, der vom Judentum zum Katholizismus konvertierten, von den Nazis ermordeten Nonne. Neben mir standen eine Großmutter, eine Mutter und eine Tochter, alle lieb in bunten Sommerkleidern und mit Sonnenbrillen im Haar, die Jüngeren leicht desinteressiert. Das Kind wusste nichts mit Steins Büste, die sie im Habit zeigte, anzufangen, da schritt also die Omma ein und sagte: Das ist eine Nonne. Die trägt einen Schleier. Früher gab es hier nämlich auch Frauen, die einen Schleier getragen haben. Das ist so etwas Ähnliches wie ein Kopftuch.

***

Ein Jahr nachdem meine Mutter ihre Sympathie für Sido entdeckt hatte, saßen wir alle im Wohnzimmer. Es war vermutlich ein Sonntag. Mein Vater war ins Internet vertieft. Meine Schwester lag regungslos auf der Récamière und studierte die Entwicklungen in ihren Chatgruppen. Ich blätterte in der *Bild*, auf der Suche nach Informationen darüber, was die Leute im Land aktuell bewegte. Mein Bruder, das Kleinkind, spielte mit Bauklötzen. Meine Mutter zappte. Am liebsten hätte sie wohl etwas mit Harald Lesch, dem Astrophysiker, gesehen, eine Wiederholung der Reihe *alpha-Centauri* zum Beispiel, in der er über aktuelle und prinzipielle Probleme der Astrophysik spricht, oder eine seiner Talksendungen, in denen der Wissenschaftler und Protestant Lesch mit wechselnden Gästen aktuelle und prinzipielle Probleme der Philosophie und Religion wälzt. Aber es kam nichts von alledem. Vermutlich hätte meine Mutter am zweitliebsten *Die schönsten Bahnstrecken Deutschlands* eingeschaltet, die sie bei Schlaflosigkeit anschaute, um sich in jenen meditativen Zustand gleiten lassen, den das immer wieder gleiche, sich nur an seinen Rändern verändernde Bild auslöste, doch die liefen nur nachts, und inzwischen laufen sie gar nicht mehr.

Schließlich wählte sie die Aufzeichnung einer Inszenierung von *Le Sacre du Printemps*, pünktlich zur Ouvertüre. Meine Mutter legte die Fernbedienung auf den Beistelltisch und lehnte sich wohlig ins rote Leder. Ich sah – meine Augen lugten über Saskia, dem 21-jährigen Busenwunder mit Hauptberuf im Speditionsbusiness hervor –, wie sich der Vorhang öffnete. Die Bilder aus dem heidnischen Russland beschränkten sich vorerst auf Leiber, viele.

Die ersten Töne folgten, sanfte Bläser, Andeutung künftiger Gräueltaten, Bebilderung der Unversehrtheit dieser wenig bewohnten Landschaft. Nach und nach schraubte die Musik sich in die Höhe. Mein Bruder hatte mit dem Spielen aufgehört, er stierte auf den Fernseher, durch ihn hindurch, und hörte die Anbetung der Erde Gestalt annehmen. Die ersten Hörner, dann Cello, Geige, immer schriller – und mein Bruder schrie, wie er noch nie geschrien hatte. Kein Wort, nur einen Laut, AAA, anhaltend, mit einer so ruhigen Stimme, wie es nur Kinder können, AAAAA, er schien fassungslos darüber, dass wir nichts taten, AAAAAAAA; es war wohl der Tag, an dem er, zweijährig, zum ersten

Mal von der Existenz des Fensters zum Wahnsinn erfuhr, einer Anomalie im Raum-Zeit-Kontinuum, die ihre eigene *alpha-Centauri*-Folge verdient hätte, das Fenster zum Wahnsinn, das sich gelegentlich in absurden Situationen des täglichen Lebens abrupt öffnet, und man weiß: Ich könnte hindurchsteigen, man wägt ab: Was auf der anderen Seite ist, ist sicher interessant, vermutlich aber ungut, vermutlich würde man nicht den Weg zurück finden, man beruhigt sich, das Fenster schließt sich wieder, man tut, als wäre nichts gewesen, und seines, das meines Bruders, stand vermutlich zum ersten Mal in seinem Leben einen Spaltbreit offen, als er diese Musik hörte, die ja immer noch weiterlief, im Hintergrund, die wild war, AAAAAAAAAAA, endlich holte er Luft, als atmete er zum ersten Mal, und schrie, AUS AUS AUS AUS AUS, sprang auf, zum Hauptschalter der Mehrfachsteckdose, an die der Fernseher und alle in Zusammenhang mit ihm stehenden Apparate angeschlossen waren, betätigte ihn, der Bildschirm wurde schwarz, es wurde still, mein Bruder atmete aus, und niemand wagte, sich zu rühren.

***

Da war also: Edith Stein, Nonne, ehemalige Jüdin, Teresia Benedicta a Cruce, die Gesegnete vom Kreuz, die gebenedeit ins Krematorium Gestiegene, Heilige und Märtyrerin der Kirche – aber warum? Sind alle in den Konzentrationslagern ermordeten Christen jüdischer

Herkunft Märtyrerinnen der Kirche, oder verspricht Steins Konversion einfach das bessere missionarische Narrativ? Nichts und niemand ist rätselhafter als der Konvertit. Über Stein aber heißt es: Zur religiösen Tradition ihres Elternhauses entwickelte die junge Edith Stein ein kritisches Verhältnis und verstand sich zeitweilig als Atheistin, später wollte sie der Menschheit dienen. Wäre ein Maschinenbaustudium nicht die bessere Lösung gewesen, Edith? Nach ausgezeichneter Promotion in Philosophie bei Husserl – der selbst zum Protestantismus konvertiert war – scheiterten vier Zulassungsversuche mit zwei verschiedenen Habilitationsschriften an dem Faktum, dass sie eine Frau war. Nachdem sie die Autobiographie von Teresa von Ávila las, konvertierte sie zum Katholizismus. Wieso bloß? Ihr geistiger Begleiter, wie es so schön heißt, Erzabt Raphael Walzer, der später als Regimegegner erst in Frankreich, dann in Algerien lebte, riet ihr vom Eintritt ins Kloster ab, und ermutigte sie stattdessen zu einem Wirken in der Welt. Sie unterrichtete und sprach, so lese ich es also später nach, zur Frauenfrage und den Problemen der neueren Mädchenbildung. Im April 1933 schreibt sie einen Brief an den Papst, er möge gegen die Judenverfolgung protestieren, schreibt: Alles, was geschehen ist und noch täglich geschieht, geht von einer Regierung aus, die sich »christlich« nennt. Sie erhält keine Antwort, zwei Wochen später kündigt sie ihre Stelle als Lehrerin, um denjenigen Schaden vom Lehrinstitut abzuwenden, der bei ihrer weiteren Beschäftigung wohl eingetreten wäre, sechs Monate später tritt sie, zweiundvierzigjährig, ins Kloster ein, zwei Jahre später lässt sich auch ihre Schwester taufen und lebt als Gast bei ihr. Um ihr Kölner Kloster zu schützen, ziehen die beiden in ein holländisches, die Flucht in die Schweiz gelingt nicht rechtzeitig, sie werden verhaftet, laut einer Nachbarin sagt Edith zu ihrer Schwester: Komm, wir gehen für unser Volk. Am 9. August 1942 werden sie ermordet. In ihrem Testament, das sie drei Jahre zuvor in den Niederlanden verfasst hat, steht: Ich bitte den Herrn, daß Er mein Leben und Sterben annehmen möchte zu Seiner Ehre und Verherrlichung, für alle Anliegen der heiligsten Herzen Jesu und Mariä und der Heiligen Kirche, insbesondere für die Erhaltung, Heiligung und Vollendung unseres heiligen Ordens, namentlich des Kölner und des Echter Karmels, zur Sühne für den Unglauben des jüdischen Volkes und damit der Herr von den Seinen aufgenommen werde und Sein Reich komme in Herrlichkeit, für die Rettung Deutschlands und den Frieden der Welt, schließlich für meine Angehörigen, Lebende und Tote und alle, die Gott mir gegeben hat: daß keines von ihnen verloren gehe. Wieso schreibt so eine Frau so etwas? Wo liegen die Antworten zu diesem komplizierten, beklemmenden Fall? Ihr Bekenntnis zur christlichen Mehrheitskultur jedenfalls war den Walhalla-Fans 2009 durchaus eine Büste wert. Bedingungslos brutal blickt sie auf mich, die Großmutter, die Mutter und die Tochter herab. Im Speyerer Dom liegt eine Reliquie von ihrem Gewand.

Wer sind die Frauen, die zu den Stätten der heiligen Teresia Benedicta a Cruce pilgern, wer sind die Mädchen, die ihr Gewand berühren, was hat Edith uns zu sagen, wie kann ich sprechen über eine Frau, die sich kaputtassimiliert hat, die vielleicht einem Wahnsinn verfallen ist, vielleicht einer großen Liebe, die Ja sagte zu einer Auflösung, die ich nicht nur nicht begreifen kann, sondern die ich mit Nachdruck ablehne, wie kann ich sprechen über eine Frau, der das alles nichts geholfen hat, die Deutschland zum Opfer gefallen ist?

***

Seit meine Mutter WhatsApp benutzt, stehen wir in regerem Kontakt denn je. Sie schickt mir Hinweise auf die gesundheitsfördernden Eigenschaften von Aprikosenkernen, ich warne sie in apokalyptischen Tönen, der Esoteriker-Quelle »Zentrum der Gesundheit« nicht zu vertrauen. Sie schickt mir Internetbildchen mit motivational quotes à la: »Inspiration exists, but it has to find you working (Pablo Picasso)«, ich schicke ihr Artikel über die neuesten Ausfälle der AfD, von denen sie vorgibt, sie nicht zu lesen, weil es keinen Zweck habe, sich aufzuregen, nur um sie während unseres nächsten Telefonats doch zu paraphrasieren. Erst wenn man einen Sachverhalt in eigenen Worten schildern kann, hat man ihn wirklich verstanden. Aber was passiert dann?

Ich schicke ihr *Mama ist stolz,* sie schickt mir einen

Link zum *Ritt der Walküre*, und sofort sehe ich sie vor mir, ich weiß, in einem Moment der Kontemplation öffnet sie YouTube, sucht das Lied, steht schon mal auf, geht in die Knie, dehnt sich, wippt, macht die Gelenke weich, und dann beginnt, wie bei *Apokalypse Now*, die psychologische Kriegsführung, Romeofoxtrott der Liebe, die Soldaten sitzen auf ihren Helmen, damit ihnen nicht die Eier weggeschossen werden, die erste Kavalleriedivision zerfickt die Vietcongs und so auch ihre eigenen kleinen Herzen, meine Mutter springt auf, grand jeté, vorsichtig mit ihrem schlechten Knöchel, port de bras, die Staubkörner tanzen im goldenen Licht, das in der Wohnung meiner Eltern nachmittags durch die zart geblümten Gardinen fällt, das Horn ertönt, eine teutonische Vitalität vibriert bis in die Fingerspitzen der Frau, die mich geboren hat, die Geigen erzittern, weit entfernt eine einzelne helle Flöte wie ein Alarm, Paukenschlag, ausschütteln, Drama, Deutschland, ich schicke ihr Herzchen im Chat, viele, ein Galopp bergab, ins Tal, ich sehe meine Mutter die letzte Minute, Füße in der zweiten Position, mit eurythmisch angewinkelten Armen dirigieren, die letzte Verlangsamung, Luft holen, sie kann jetzt nicht aufhören, Zimbeln, alles nähert sich dem Finale, die Geschwindigkeit wird wieder aufgenommen, Tusch und Schluss, meine Mutter lässt sich in den Stuhl fallen, Wagner, was für ein Typ.

***

Da ist noch mehr, da sind versteckt zwischen Moltke und Wagner, Barbarossa und Paracelsus, Goethe und Fugger: zwölf Frauen, zwölf von 160, Jungfrauen fast alle von ihnen, und erst hier hat mich überhaupt der Wunsch erfasst, über solche zu schreiben, da ist also Sophie Scholl, Mädchen, Christin, Humanistin, die sich mit 1700 Flugblättern in den Tod warf, so symbolträchtig, so politisch unwirksam, so gefährlich, so wenig radikal, die zwar wie prognostiziert den Kopf verlor, aber – 58 Jahre später, im Jahr 2003 – eine Büste gewann, als erste Frau, die der Walhalla seit ihrer Gründung 1842 neu hinzugefügt wurde, gemeinsam mit der Plakette zu Ehren aller weiteren, namenlos bleibenden Mitglieder des Widerstands.

Aber wenn schon Galionsfiguren, sechzig Jahre später, dann Girls wie Sophie, Frauen im Kampfeinsatz, das ist ein sexy Thema, wie jede weiß, die heute die Zeitungen aufschlägt: Fotoreportagen noch und nöcher, kurdische Kämpferinnen, unfassbare Augen haben die, jaja, auch ungeschminkt im Kampfoutfit äußerst fotogen. Nicht die Verwundeten, nicht die Älteren, nicht die Verwitweten, nicht die jungen und nicht die alten Mütter, nicht einmal die ein bisschen vom Krieg gezeichneten Dreißigjährigen bekommen wir zu Gesicht, nur junge Frauen, in einem Alter, in dem zumindest ich sicher noch ein Mädchen war, »Frauen, die der Krieg älter aussehen lässt, als sie sind«, und damit ist gemeint, dass eine Zwanzigjährige auch mal wie Ende zwanzig aussieht. Frauen, deren Befreiung an der Waffe stattfindet, die aber, wie kein Magazin müde wird zu erwähnen, nicht nur Daesh ficken wollen, sondern natürlich auch jene Autonomie erkämpfen, die ihre Männer ihnen nicht zugestehen, und das alles in verlorenen, in ihrer ganzen Rauheit aber irgendwie auch pittoresken Gebirgsdörfern, und das Schlimme ist ja nicht, dass all das sicher auch stimmt, für manche, sondern dass diese Geschichte zur dominierenden wird. Die danger of a single story wird umso akuter, je hotter die Protagonistinnen sind; ich denke an Jeanne d'Arc, die blutjung und ungefickt Visionen schiebt, sich als Mann kleidet und am Ende nackt am Scheiterhaufen brennt – the fire was raked back, and her naked body shown to all the people and all the secrets that could or should belong to a woman, to take away any doubts from people's minds, heißt es bei Dworkin. Von Jeanne d'Arc, in Rüstung, mit Lanze und Wunden und einer großen Härte, über die gemäßigte Rebellin Scholl, die tragischerweise auf Waffen verzichtete, die eine schlechte Kampfstrategie, aber die richtige Haltung hatte – worin auch sie also doch als radikal und ja, auch ehrenhaft, zu gelten hat –, bis zu den mutigen Frauen in den Bergen Shingals läuft eine direkte Linie öffentlicher Wahrnehmung. Die exotischste aller Frauen ist und bleibt die bewaffnete, bleiben israelische Soldatinnen mit Glitzersteinchen auf den Nägeln und langem, wallendem Haar – am Ende sind sie alle Girls, brauchen Liebe, brauchen Halt, brauchen einen, der sie knallt.

***

Auch das Ende unserer Studienzeit, den Beginn einer anderen Ära, läuteten Darja, Paul und ich mit unserem Idol ein.

In der Zwischenzeit ist Sido besser gealtert als viele seiner Kollegen, er hat es geschafft, er ist kein unterprivilegierter Rowdy mehr und auch kein reicher Musiker, dessen Kapital ausschließlich im Rappen über die Zeit unterprivilegierten Rowdytums liegt. Heute wohnt er mit Frau, Kindern und Mutter in einem Nordberliner Vorort, trägt teure Klamotten, die Gesundheitsschuhe unter den Sneakers und seine Maske nur noch bei Auftritten, für die Dauer eines Songs. Man hört das neue Album und bekommt gute Laune. Seine gesellschaftskritischen Töne sind zwar prinzipiell optimistisch, aber immer ernst gemeint; er versichert allen, die in Situationen sind, in denen auch er sich einmal befunden hat, seine Solidarität, wie der reiche, gutmütige und auf Eigeninitiative bestehende Onkel, der er inzwischen ja auch ist.

Weil uns all das aber nicht störte, sondern eher beglückte, immerhin hatten auch wir unsere alten Verhältnisse und mit ihnen unsere alten Versionen abgestreift, während wir sie natürlich noch in uns trugen – you can get the girl out of Gelsen, but you can't get Gelsen out of the girl –, kauften wir uns also, sowie die neue Tour angekündigt wurde, drei Tickets für das Sido-Konzert in Halle.

Es war ein bitterkalter sachsen-anhaltinischer Abend. Meine Freunde und ich reihten uns in die Schlange ein.

Eine Gruppe Einheimischer lief an uns vorbei, die Straße runter, sie trugen Bomberjacke, und wir konnten nicht erkennen ob aus Tradition oder Trendbewusstsein. Dieser Umstand hauchte uns endlich das dem Event angemessene Maß an Aggression ein; gleichzeitig fühlte es sich an, als warteten wir auf das Queen-Revival-Konzert der lokalen Coverband. Zur Vorbereitung hatte ich mir das neue Album angehört, auf Empfehlung meiner Mutter insbesondere das fröhlich-aufgeräumte *Hamdullah*, obwohl sie fand, Sido solle sich nicht sinnlos bei muslimischen Teens anbiedern, Hommage an Massiv hin oder her. Im Saal herrschte striktes Rauchverbot, Zuwiderhandlungen wurden ohne Vorwarnung mit Rausschmiss bestraft. Während die Vorband spielte, philosophierten wir bei einer Zigarette im Schneegestöber darüber, dass der junge Sido sich so etwas nicht hätte gefallen lassen. Dann ging es los, naturgemäß spielte er die neuen Lieder, schließlich aber doch ein *Schlechtes-Vorbild-Mein-Block-Ich-und-meine-Maske*-Medley, außerdem *Endlich Wochenende*. Wir freundeten uns mit ein paar drahtigen Ostdeutschen um die dreißig an. Am Ende riefen alle nach einer Zugabe, die, wie immer, der *Arschficksong* war. Sido, im flauschigen roten Oversize-Jogginganzug, war ganz Profi, ganz routiniert. In schweren Wellen donnerte die Wehmut über uns hinweg, für einen kurzen Augenblick erschien die Geschichte des Arschfickmanns geradezu normal. Sido nahm all das ganz un-verschämt auf sich, für uns. Wir waren dankbar.

DER LITERATUR IHR THEREMIN

Sommer, Wien. In der Akademie der Künste kollaborieren Szenografinnen mit Musikerinnen. Sie bergen neue Töne. Jemand schlägt eine Oboe. Eine Kontrabassistin simuliert pantomimisch ihr Spiel, hinter einem Vorhang eine Harfenistin. Ein kleiner, gekachelter Raum, darin: Laborangestellte in weißen Kitteln, unerklärliche Geräte auf Tischen und Hockern, verbunden durch raumquerende gespannte Saiten. Die Laborantinnen spielen, dazu verwenden sie verschiedene Objekte, bloß keine Geigenbögen. Dies ist der Versuch, ein neuartiges Instrument zu bauen, oder anders: ein Netz von, ein Riff aus Instrumenten, die nichts anderes als Werkzeuge sind, moderner: Tools.

Ich wittere einen Mangel an Innovation, neuartig heißt nicht neu, Mazlum wendet ein: Besteht das Neue nicht wesentlich in der Kombination bereits bestehender Elemente? Gibt es überhaupt so etwas wie ein neues Instrument? Wer kann sich an die Entstehung der Urformen der Musikinstrumente erinnern, der Schlag-, Blas- und Saiteninstrumente? Selbst das Klavier ist nur eine Kombination. Aber, antwortete ich ihm, denk doch bloß an das Theremin!

***

Das Theremin (auch: Thereminvox, Thereminovox, Termenvox, ursprünglich Aetherophon) ist ein 1920 erfundenes elektronisches Musikinstrument. Es ist das einzige verbreitete Musikinstrument, das berührungslos gespielt wird und dabei direkt Töne erzeugt.

Beim Theremin beeinflusst die elektrische Kapazität des menschlichen Körpers ein elektromagnetisches Feld. Dabei steuert die Position der Hände gegenüber zwei Elektroden (»Antennen«) die Stärke der Veränderung. Die sich ändernde Schwingung des Feldes wird verstärkt und als Ton über einen Lautsprecher ausgegeben. Obwohl das Theremin in vielerlei Hinsicht eine Pionierrolle im Instrumentenbau einnahm, blieb sein Gebrauch auf musikalische Nischen beschränkt. Dabei kam es in so verschiedenen Bereichen wie Neuer Musik, Science-Fiction-Filmen und experimenteller Pop-Musik zum Einsatz. Erst seit den 1990er Jahren hat es sich etwas popularisiert.

Eine besondere Rolle in der Musikgeschichte nahm das Theremin durch den Instrumentenbauer Robert Moog ein. Dieser baute in seiner Jugend Theremine und nutzte die dort gewonnenen Erfahrungen zur Entwicklung der ersten Synthesizer.

WIKIPEDIA, LEMMA: THEREMIN

***

Natürlich sprechen wir hier von einer Umwälzung.

***

Jahrelang hat mein Großvater mir jeden Sommer ein Kinderbuch geschenkt, das wohl irgendeinen erzieherischen, das mysteriöse Aroma von Heimat versprühenden Impuls auf mich übertragen sollte, den zu transportieren er meinen Eltern allein anscheinend nicht zutraute. Zuerst war da, ganz harmlos: Loreta, das Mädchen mit den Zöpfen, die – zu gleichen Teilen Hans Guck-in-die-Luft und Suppenkaspar – mit ihren Freunden Kannnicht, Willnicht und Weißnicht die Geduld ihrer Mutter auf die Probe stellt. Dann: ein großformatiges Bilderbuch, in dem der Kampf und die Niederlage wehrhafter Bewohnerinnen eines Gebirgsdorfes angesichts einer unbenannt bleibenden Kolonialmacht geschildert werden. Die Männer des Ortes sind nicht da; am Ende stürzt sich die Protagonistin eine Klippe hinab, um ihre Ehre zu verteidigen und nicht in die Hände der Besatzer zu fallen, normaler Move. Die folgenden Bücher wurden von der elterlichen Zensur geprüft, bevor sie in meine Hände gelangten. Irgendwann endete die Nationalbildungsoffensive, das letzte Kinderbuch, das ich von meinem Großvater bekam, mit einer Widmung in seiner ausladenden Handschrift versehen, war ein illustrierter Band namens *Kostandini dhe Doruntina*. Die Geschichte geht so: Ein Graf von sehr weit her will Doruntina, wunderbare Tochter und Schwester von zwölf Brüdern, zur Frau nehmen, die Mutter und elf ihrer Brüder sträuben sich, ist die Entfernung doch zu groß. An einen Vater kann ich mich nicht erinnern, vielleicht ist er tot oder irrelevant. Nur

Kostandin, der jüngste Bruder, tritt für die Verlobung ein und gibt der Mutter sein Wort, er werde Doruntina, wann immer die Mutter sich nach ihr sehne, nach Hause bringen. Sie willigt ein, Doruntina heiratet den Grafen und zieht fort. Eines Tages, Jahre später, klopft es nachts an ihrer Tür. Es ist Kostandin, der sagt, er habe keine Zeit, Platz zu nehmen, Doruntina müsse mit ihm kommen, sie hinterlässt ihrem Mann eine Nachricht, es folgt ein wilder Ritt durch die Nacht, noch gruseliger als im *Erlkönig*, an deren Ende sie, obwohl die Reise eigentlich Wochen dauern müsste, ihr Heimatdorf erreichen. Kostandin bittet sie, schon einmal vorauszugehen, er müsse bloß noch das Pferd bei der Kirche anbinden. Doruntina klopft, die Mutter – so froh, sie zu sehen – fragt, wer sie denn hergebracht habe, sie sagt, Kostandin. Die Mutter bricht zusammen: Weißt du denn nicht, mein Kind, all deine Brüder, auch Kostandin, sind im Krieg gefallen. Doruntina erkennt, dass es ein Gespenst war, das sie hergebracht hat, dass ihr Bruder sein Wort noch im Tod gehalten hat, dass ein Ehrenwort so heilig ist, dass nicht einmal der Tod seine Erfüllung verhindern kann, dass Kostandin nicht das Pferd bei der Kirche festgebunden, sondern sich selbst wieder auf den Friedhof begeben hat. Zuletzt heißt es im Versepos: Die eine stand an der Schwelle, die andere an der Tür, und beide zerbrachen sie wie Gläser voll Wein, was sich auf Albanisch selbstverständlich reimt. Als ich Jahre später *Doruntinas Heimkehr* von Kadare las, in der deutschen Übersetzung, hatte ich zum ersten

Mal das Gefühl, mit einem Material vertraut zu sein, bloß dass ich noch immer ein Mädchen war und noch nie in meinem Leben über das, was man Material nennt, nachgedacht hatte. Trotzdem berührte das Buch meine Eitelkeit, es behandelte etwas, das mir als Geheimwissen erschien, eine Geschichte, von der nur wenige wussten.

***

Das Sprechen über die Natur des Schreibens ist immer auch ein Sprechen über die Natur des Sprechens, ist eine Brücke zum Zweiten, zum Dritten, zum Anderen. Man kann zu jemandem sprechen – über jemand Anwesenden, Abwesenden, über etwas ganz anderes –, man kann aus-sprechen, vor-sich-hin-sprechen, in-einen-Raum-hinein-sprechen. Wie aber, denke ich, nachdem ich Monika Rinck gelesen habe, die Zwänge der Kommunikation abschütteln, wie die Dichtung herausschälen? Sich ihnen nicht in erster Instanz verpflichten, den Zwängen, antworte ich mir, wobei das sicher ungenügend ist, wobei das nicht die Frage nach den folgenden Instanzen beantwortet, nach der Verständigung, dem Austausch, die Frage nach den Gründen für das Verkleben von Lauten zu Worten.

***

Um beim Theremin zu bleiben: Es handelt sich hier um ein Instrument, das über einen weiten Bereich Töne in jeder beliebigen Tonhöhe, [auch] zwischen den konventionellen Noten, erzeugt; um ein Instrument, das von der Spielenden nicht nur das absolute Gehör, sondern auch absolute Körperspannung einfordert. Es ist eine Herausforderung, kein Quantensprung.

Quantensprung ist ein Januswort, also eines derjenigen Wörter, die nicht bloß sich und etwas anderes meinen, sondern – genauer, unbegreiflicher – sich und ihr Gegenteil. In der Physik ist der Quantensprung etwas sehr Kleines, in der Umgangssprache hingegen bezeichnet er etwas sehr Großes. Vergleichbar ist er mit der *Untiefe*, die in der Schifffahrt eine sehr flache Stelle im Gewässer bezeichnet, während sie in der Umgangssprache eine ausgesprochen tiefe Stelle meint.

***

Als Jugendliche trug ich am liebsten Jogginghosen und graue Tanktops, die es bei Zeeman im Sechserpack gab. Wenn ich das Haus verließ, stellte sich meine Mutter mir in den Weg und fragte, mit einem langen Blick maßnehmend, ob ich wirklich schon wieder tuta tragen wolle. Ich habe erschreckend lange in der Annahme gelebt, *tuta*, die Stoff- oder Sporthose, sei ein ursprünglich albanisches Wort, und *pantallonat*, die Hosen, ein Lehnwort, so wie viele, auch ganz alltägliche Begriffe im Albanischen eine in Original- und Lehnwort eingeschriebene Doppelexistenz führen. Ein Beispiel ist Fenster: *dritare*, die Fläche, durch die *drita*, das Licht, einfällt, aber auch Fenster: *penxhere* – vom türkischen *pencere*. Ich war mir sicher, dass die Hose auch so ein Fall war, aber nein, während *tuta* im Albanischen nur die Jogginghose meint, bezeichnet es im Italienischen den gesamten Jogginganzug. Man lernt nie aus, denke ich, was haben die Leute bloß im Mittelalter, als sie das Lehnwort vielleicht noch nicht hatten, als das Land am Rand aller Reiche lag und in keinem zur Gänze enthalten, als die Bewohnerinnen der Dörfer im Winter abgeschnitten waren von den Städten, in denen man italienische Händler hätte treffen können, als die Geschichte von Kostandin und Doruntina noch kein Mythos, sondern ein aufregendes Gerücht war, eine Anekdote, die man sich beim Wäschewaschen und Pfeife stopfen erzählte, wobei – halt! – es zu jener Zeit keinen Tabak gab in der alten Welt und überhaupt kaum Nachtschattengewächse, womit sich also auch die Frage stellt, was sie damals bloß gegessen haben am Mittelmeer, Tomaten, Paprika und Kartoffeln können es nicht gewesen sein. Vermutlich aß man Brot mit Öl und Salz und flüsterte sich verschwörerisch die Geschichte von dem jungen Mann zu, der als Gespenst zurückgekehrt war; jedenfalls frage ich mich, was haben die Leute damals bloß gesagt, wenn sie *Hose* meinten? Je länger ich darüber nachdenke, desto sicherer werde ich mir, dass es jenes Kleidungsstück, das wir heute Hose nennen, vor einem halben Jahrtausend dort gar nicht gab. Wahrscheinlicher aber ist, dass mir ein Wort fehlt.

***

Natürlich muss jedes Schreiben, jeder Versuch, ein Sagbares in die Welt zu setzen, egal wie unwahrscheinlich die Möglichkeit scheint, darauf ausgerichtet sein, der Literatur ihr Theremin zu bauen.

***

Es gibt keinen Grund, schüchtern zu sein, denn: »Dein Stolz ist dein Unglück, Medea« ist offensichtlich die größte Lüge von allen. Bei Rinck finde ich die Frage: Gibt es denn ein Denken jenseits von Hybris? Ich sage: Nein. Und vergesse trotzdem nicht, dass der Zauber sich sein Versteck im Zweifel baut, oder anders gesagt, dass jede, die nicht zweifelt, auch nicht der Rede wert ist.

Die Ideologie des reinen Erzählens ist ein Missverständnis, das keine Einzelne aufzuklären vermag, umso wichtiger, dass jede ihr eigenes, ihr strahlendes, ihr ganz und gar verwirrendes Theremin erträumt, ganz gleich ob es dann am Ende gebaut wird oder nicht, denn: Viele Korallen bilden ein Riff.

Was bedeutet es, *über* Leute zu schreiben? Was bedeutet es, *für* Leute zu schreiben? Kann man *über* Leute schreiben, ohne es auch *für* sie zu tun? Kann man *für* Leute schreiben, ohne *über* sie zu sprechen? Ist eine inhaltliche Leere schon Verrat an der Sache? Und was ist die Sache?

Ich fordere: Sanktionen für all jene, die das Erzählen zum Dogma erheben und es so verraten. Ich fordere: Sanktionen für das Schlechte, und damit bin ich nicht allein, und damit hat es sich auch schon, es genügt ein Blick in Richtung Vereinte Nationen, um sich zu erinnern: die Forderung nach Sanktionen ist weniger noch als ein Symbol, sie ist: ein missbilligendes Schnalzen mit der Zunge, fünfmal, folgenlos.

Wie könnte eine folgenreiche Weigerung aussehen? Was könnte sich aus der unwillkürlichen Ablehnung, die wir empfinden, ergeben? Welchen Zweck hat es heute, nach Empfindungen zu fragen, nach einem Wir?

Marlene Dietrich sagt: Angst? Nein, ich habe keine Angst. Nicht vor den Deutschen, nur um meinen Schwanenmantel, aus dem ich Eier oder Tomatenflecken kaum herausbekommen würde, um den habe ich etwas Angst, was ein Satz wie ein Motto ist, zum Ans-Ohrläppchen-Hängen wie einen Goldring. Achten wir also auf unsere Schwanenmäntel mit aller gebotenen Unvorsicht!

***

Ich erinnere: mich, wie ich mein erstes eigenes Englischwörterbuch in die Hand nehme, aus einem dieser Grabbelkörbe, die in deutschen Aldi Nords stets zwischen dem Öl-Tomatenmark-Pesto-Schmelzkäse-Regal und dem Mehl-Zucker-Dauerwurst-Regal stehen, wie ich es unter anderen Büchern herausgreife, die Grammatikregeln studiere, den Appendix, in dem von der korrekten Verwendung des Gerundiums bis hin zu landesspezifischen Grußformeln alles Wissenswerte abseits der Vokabeln versammelt ist. Irgendwann kommt mein Vater mit gefülltem Einkaufswagen um die Ecke gebogen und meint, ach, Italienisch, das können wir auch gleich mitnehmen. Die erste autonome Bildungsentscheidung, die mein Vater traf, war das Erlernen des Italienischen, der erste Westen, den er sah, begegnete ihm im rauschenden Bild von Rai 1, in den sich jedem Störsignal widersetzenden Predigten auf Radio Vatikan. Ich nahm beide Bände unter den Arm, und wir stellten uns an. Es geht eine Ruhe von Wörterbüchern aus; sie beinhalten ein Wissen, das so anwendbar ist, dass es wehtut, wie ein sehr tiefer, sehr befriedigender Atemzug, bei dem man die Rippen spürt, der schwindlig macht, wie ein Atemzug, der einer die Grenzen der eigenen Kapazität vor Augen führt.

***

Das Theremin wurde in den Soundtracks von Science-Fiction-Filmen der Fünfziger- und Sechzigerjahre eingesetzt, weil es nach Zukunft klang.

Das Theremin ehren heißt die Deutlichkeit lieben, die Lesbarkeit hassen lernen. Heißt die Platte so lange springen zu lassen, bis man sie erfolgreich abgeschafft oder wenigstens ins Reich der Sammler und Nostalgikerinnen verbannt hat.

***

Kadare schreibt: Er selbst meinte, man stelle das Geheimnis auf eine schwere Probe, wenn man es schriftlich niederlege. Gelegentlich überstehe es diese Prozedur nicht und sterbe wie ein Mensch unter der Folter.

***

Es ist nicht möglich, zum Text zu kommen, wie die Jungfrau zum Kinde kommt. Man beschädigt sich und den Text, zum Glück. Das Erzeugen einer brutal guten Einfachheit gelingt nicht, ohne brutal zu sein gegen das Gute. Jede Beschädigung verlangt nach einer neuen Denkfigur, verlangt Prothesenbegriffe, die alten zu stützen, zu ersetzen, denn wenn erst einmal ein Zweifel im Raum ist, reißt er alles nieder. Nur wenn ein Zweifel im Raum ist, wird der Turmbau riskant, also wert, in Angriff genommen zu werden.

Das Theremin ehren heißt die wahre Bedeutung der rhetorischen Figur des Pars pro Toto begreifen, ein Teil für das Ganze, und deshalb auch: Das Kleine erzählen, das Große verschweigen.

Was die Frage aufwirft: Ist das kleine Sprechen immer auch ein Großes? Und wie war das noch mal mit den Geheimnissen?

Kann man sich den Geständnissen, genauer: den Zugeständnissen, die mit einem erzählten Geheimnis stets Hand in Hand gehen, verweigern, kann man die barrikadengewordenen Eichenwälder entzünden, auf den bröckligen Balustraden der heimischen Balkone balancieren, den Stift eher lässig ins Haar gesteckt als in der Hand, kann man rufen: Ich möchte lieber nicht?

Man kann, und man soll. Man soll weiterhin nicht vergessen, dass in jedem *nicht* ein *ich* steckt, ein ebenso artikulier- wie leugbares. Bevor der Hahn dreimal kräht, hast du schon JA gesagt und alles gestanden, wenn du nicht aufpasst. Obacht!

***

Noch deutlicher erinnere ich mich an den dicken roten Wahrig, den meine Eltern noch heute – warum auch immer – am Fußende ihres Ehebetts aufbewahren. Den Wahrig, in dem wir einmal, eine aufgebrachter als die andere, blätterten, meine Mutter behauptete seit langem, *Lapidar*, das heiße Denkmal, ich wiederum wusste, *lapidar*, das war ein Adjektiv, das knapp, trocken bedeutete. Bei schönem Wetter sagte sie oft, um mich zu reizen, wir könnten gern zum Kriegsversehrtenlapidar spazieren. Am Ende hatten wir beide recht, es stellte sich heraus: *Lapidar* kommt von *lapis*, Stein, in Stein gehauen, auf antiken Gräbern finden sich sogenannte Lapidar-Inschriften, die, schon aus Platzgründen, präzise formuliert sein mussten, trocken, knapp.

***

Ilse Aichinger schreibt: Ich gebrauche jetzt die besseren Wörter nicht mehr. Sie schreibt auch: die Untergänge vor sich her schleifen. Das ist es, was gefragt ist, mit Tritten, mit der notwendigen Ungenauigkeit.

Niemand kann von mir verlangen, daß ich Zusammenhänge herstelle, solange sie vermeidbar sind, schreibt sie noch und sagt damit im Wesentlichen: erstens, niemand kann von mir verlangen. Und zweitens, es gibt Zusammenhänge, die unvermeidlich sind, um ihretwillen darf man sich mit Fakultativem, mit allem, was nicht zwingend ist, nicht aufhalten.

In welchem Verhältnis stehen die schlechten Gedanken zu Aichingers schlechten Wörtern? Sie sind verknüpft durch die Panik, die eine oft als Konsequenz einer Überforderung überkommt, durch die Panik, die den eigenen Brustkorbs so verengt, die seine Kapazität, wenn auch nur scheinbar, so mindert, dass aus einem Krug ein Fingerhut wird, dass sich die Wahrnehmung jeder

Änderung der Umweltverhältnisse – im Leben ebenso wie im Text, der ja nichts weniger als das Leben ist – um ein Unzählbares verschärft, dass jeder Hauch zum Stich wird; der Schlüssel liegt in der unvermeidlichen Panik, die es fruchtbar zu machen gilt.

Die Weigerung der Panikerin, den tatsächlichen Grund ihres Zustands zu benennen, dieses peinliche Hängen an dem, was man Magisches Denken nennt, der Glaube also, es brächte Unglück, das tatsächliche Problem beim Namen zu nennen, der Glaube, die eigenen Gedanken hätten Einfluss auf die Wirklichkeit und den Fortlauf der Ereignisse in der Welt, auf ursächlich nicht verbundene Ereignisse, dieser Glaube an die paranormalen Kräfte des eigenen Denkens ist ein notwendiger Wahn, ein Prärequisit künstlerischer Produktion.

Beispiel: die ARD-Fernsehfilme über den NSU, von denen der skandalöseste natürlich der erste ist, die Jugend und Radikalisierung Beates und der Uwes betreffend. Selbstverständlich trägt dieser Film dazu bei, die Wirklichkeit neu zu erschaffen, anstatt sie bloß darzustellen. Selbstverständlich haben die Gedanken des Regisseurs tragischerweise Einfluss auf ursächlich nicht verbundene Ereignisse. Von jetzt an gibt es ein künstlerisches, zeithistorisches Werk, das vermeintlich dokumentiert, wie verwahrloste, von der Wende traumatisierte Jugendliche im kaputten Osten den Nationalsozialismus als ein Heilsversprechen, ja gleichsam als eine Subkultur unter vielen einsogen, wie diese Teens geradezu aus Zufall keine Scientologen oder Punks wurden, während der Fall ja bekannterweise ganz anders gelagert ist, nämlich dahingehend, dass die süßen Akademikerkinder Zschäpe, Mundlos, Böhnhardt aus barer Überzeugung ihren Teil zu jener historischen Kontinuität beitrugen, die Faschismus heißt. Der Regisseur ist gescheitert, warum, kann man nur spekulieren, aber er hat eine Erzählung geschaffen, die die Welt erst herstellt, die sie bloß abzubilden behauptet. Beate hat das alles wenig geholfen, mir auch nicht, die Akten bleiben zu, wenn man den Staat fragt, ist der Fall abgeschlossen, und um nichts anderes als diesen sauberen, dreckigen Abschluss ist es ja gegangen.

***

Jedem guten Aberglauben liegt eine ehrliche Paraphrase zugrunde.

***

Schreiben heißt etwas meinen und dabei immer noch etwas anderes, zweites (mit-)meinen, und dieses Zweite, das ist der Konnex zu Aichingers Zweitbestem, das sich am Erstbesten ebenso reibt wie am Besten, und durch die Schule dieses Widerstands gehen die unterschiedlichen Strukturen, die einem Text erst seine Haptik geben, nicht umsonst kommt *Text* von lateinisch *texere*, weben, flechten.

Die Tätigkeit *flechten* ist das regelmäßige Ineinanderschlingen mehrerer Stränge aus biegsamem Material. Was könnte biegsamer sein als das Wort, zumal das notwendige? Die Art und Weise, wie wir die Welt betrachten; der Versuch, zu schreiben, ohne sich etwas auszudenken; das ständige Verweisen und Widerlegen, das wir als Normalität anerkennen – das alles ist mit der Figur des Zopfes erklärbar.

Das andere traditionelle, schon für die früheste Menschheitsgeschichte archäologisch nachgewiesene Flechtwerk, ohne das nichts geht, ist der Korb, ist also: ein geflochtener Behälter, meist aus hölzernem, biegsamem Material, zum Transport und Lagern von Lasten, die schwerer sein können als er selbst.

Was sind die Behälter von Dichtung, wenn sie den Körper verlassen hat? Kann man sie halten wie ein Kind? Verschließen, wenn sie voll werden? Reparieren, wenn sie tropfen? Oder ist nicht das stete Tropfen gerade ihre Kernkompetenz? Bloß Undichtes. Eine Gasse vielleicht, der Gasse der Freiheit nicht ganz unähnlich, doch wer geht darin und wohin?

Zu den größten Lektionen, die ich an der Uni gelernt habe, gehört, dass ein Theaterstück aus Stellen besteht, und selbstverständlich gilt das auch für jeden anderen Text, ist ein Text nicht nur ein Gewobenes, Geflochtenes, ein Zopf, sondern, in all seinen inneren und äußeren Verwerfungen, eben auch eine Doppelhelix, und in dieser, im menschlichen Genom, sind es ja gerade die einzelnen Sequenzen, die Stellen, wenn man so will, die – egal wie klein, wie unscheinbar – über Leben und Tod entscheiden, selbst im Urquelltext des Lebens also ist es die Stelle, die zählt.

***

Kadare schreibt außerdem: Es gab Tage, da konnten wir nicht sagen: Wich das Ereignis vor uns zurück, oder stahlen wir uns vor ihm davon?

***

Sich für die literarische Beweisführung an der Welt bedienen heißt umsichtig sein: Schreiben ist ein Kampf um Ressourcen, um Beweise, die man erspäht, denen man nachstellt, bis man sie endlich ganz stellt. Erst dann geht es um Worte, oder, anders: Der Kampf um die Worte ist eingebettet, liegt begraben im Zerren an den lose herumliegenden Zipfeln der erzählenswerten, vielmehr: erzählens-notwendigen Dinge.

Es geht auch um Reaktionen, am besten solche wie jüngst auf einem Techno-Konzert, als jemand der DJ zuschrie: Mädchen, meine Mutter betet für dich!

Es darf nichts als Zufall gelten, wenn man gerade den unvermeidlichen Zufällen auf der Spur ist, sie von den vermeidbaren mühsam zu trennen versucht wie die

Spreu vom Weizen. Ich halte es also für keinen Zufall, dass so ein Ausruf auf einem Techno-Konzert fällt, während heftigen Synthesizer-Einsatzes, denn der Synthesizer ist, das dürfen wir nicht vergessen, ein Kind des Theremins.

Als Grundsatz der Halbweltdamen gilt: »Wir geben, aber wir verkaufen nicht«, man sagt von ihnen: Sie verstoßen aus ihrer Mitte die Häuslichen, wie sie aus ihren Kreisen ausgestoßen wurden, weil sie sich verschenkt hatten. Sie gehören dem, der ihnen gefällt, nicht denen, welchen sie gefallen.

Und zwischen respektabel und verrucht, kommunizierbar und wirr flimmert ein aufregender Text, so wie die ganze Welt ja an ihrer instabilen Wahrnehmung, an ihren permanenten Bildwechseln nicht krankt, sie auch nicht bloß verkraftet, sondern, zwangsweise, an ihnen wächst wie ein Korallenriff.

Natürlich muss das Thema, mit dem man sich beschäftigt, das eigene Leben sein, denn eine ernsthafte Beschäftigung beinhaltet immer, dass das eingeschlagene Thema zum eigenen Leben wird, dass es nur ganz wenig außerhalb von ihm gibt.

***

Auf meinem Schreibtisch liegen, ich habe sie von zu Hause mitgenommen, die zwei Langenscheidt-Bände

Deutsch-Albanisch und Albanisch-Deutsch. Deutsch-Albanisch ist – und das seit einem Jahrzehnt – im Begriff auseinanderzufallen und in den letzten 25 Jahren offensichtlich wesentlich öfter benutzt worden als Albanisch-Deutsch. Die Autorinnen des Wörterbuchs waren Bürger der DDR. Wilfried Fiedler, der Einzige, zu dem man ein ganzes Lemma findet, stammt laut Wikipedia gebürtig aus Chemnitz, über Gerda Uhlisch und Oda Buchholz ist nur wenig herauszufinden, sie arbeiteten in Ostberlin an der Uni. Seitdem ich die Bände selbst für Recherche und Lektüre benutze, habe ich mich wieder daran erinnert, dass ich mich als Kind fragte, was das für ein Name war, Oda, und dass ich gern selbst ein Kind gehabt hätte, das ich so hätte nennen können. Mittlerweile weiß ich: Oda, die Besitzerin, die Erbin, die den Besitz, das Erbe schützt, das ist althochdeutsch, und wir kennen sie als die sagenhafte Ute, die Mutter Kriemhilds, Ute, die Gute, die alle überlebt und zu sehen versteht.

***

Der grammatische Modus, in dem ein Wunsch ausgedrückt werden kann, heißt Optativ. Mögest du sehen. Mögen deine Hände hochleben. Mögest du gut dein Ziel erreichen. Mögest du meine Scheiße fressen. Mögest du hundert werden. Möge dich die Cholera befallen. O wenn du doch. O dass du doch. In den germanischen Sprachen ist der Optativ zum Konjunktiv geworden, dabei ist ja eine Wahrscheinlichkeit, eine Möglichkeit nicht dasselbe wie ein Wunsch.

Der Optativ kann in diesen Sprachen mit sogenannten Verb-Erst-Sätzen realisiert werden. Sehest du. Lebest du hoch. Erreichest du gut dein Ziel. Fressest du meine Scheiße. Werdest du hundert. Befalle dich die Cholera. Wie kann man etwas fühlen, das auszudrücken eine die beherrschten Sprachen nicht ermächtigen? Dies *wie* kann der älteste aller Zöpfe sein oder: die Umschreibung als Grund jedes Schreibens, Paraphrasendreschen als Versprechen. Wunsch und Verwünschung liegen nah beieinander, wo sollten sie auch sonst liegen. Bene adveniātis!

***

Ich spreche vom Eingraben, man könnte aber auch vom Zuschütten sprechen, vom Versenken, vom Hineinlegen – mein Thema in mein Leben, mein Leben in mein Thema. Damit wären wir wieder bei der Musik, denn *Thema*, das ist nicht nur altgriechisch: die Behauptung, der Ausspruch (eng mit der Hypothese, der Arbeitshypothese verwandt). Nein, *Thema*, das ist auch altgriechisch: das Gesetzte, das ist: eine mehr oder weniger prägnante musikalische Gestalt, die als tragender Grundgedanke eines Musikstücks auf Wiederkehr, Abwandlung und Verarbeitung hin angelegt ist und gegebenenfalls mit weiteren Themen konfrontiert oder kombiniert werden kann.

Ein Thema ist also das, was man summt, wenn man die Spülmaschine einräumt oder auf die Arbeit radelt; die Frage nach dem Thema ist also – hier, in der Musik, zeigt sich das deutlich – nicht nur eine inhaltliche, sondern natürlich auch immer eine von Melodie, von Rhythmus, von Klangfarbe – und diese gewaltige Verstrickung von Form und Inhalt, die ist das Schönste und schwer zu vergessen, auch und gerade wenn sie fremd ist oder neu, wie jede weiß, die das Theremin kennt.

INSELN

Sagen wir: Es war einmal. Sagen wir: Es war einmal, was einmal war. Sagen wir: Einmal zu einer Zeit. Sagen wir: Sie lebte, sie war. Sagen wir: Es war einmal, es war kein Mal.

***

Als junger Mann verfasste mein Vater, der da noch nicht mein Vater war, Märchengeschichten für das Kinderprogramm von Radio Tirana. Die Stelle wurde ihm durch eine Cousine meiner Mutter vermittelt, Margarita, die erst Elektrikerin gelernt, dann Schauspiel und schließlich Regie studiert hat und mit ihrem sehr kurzen schwarzen Haar wie Gertrude Stein aussieht. Viele Jahre alleinstehend, arbeitete sie später im Kosovo und kam in den Semesterferien nach Tirana, wo sie ihr ausländisches Leben in knappen Worten skizzierte. Sie blieb, was auch ich immer sein wollte: ein Mysterium.

Das Amalgam meiner Kindheit, zwischen Schlafen und Wachen: Hexenhäuser auf Hühnerbeinen, der weise Dorfdulli Nasreddin Hoxha, der kleine Bär, der sich und seiner berufstätigen Bärenmutter ein Eis kauft, die Prinzessin, die, bewaffnet mit einem Paar eiserner Schuhe, einer eisernen Tasche und einigen eisernen Münzen, in die weite Welt hinauszieht, ein Zauberjunge, der alles zum Guten wendet, Kapitän Nero, Huckleberry Finn.

***

Ungefähr ein Jahrzehnt lang hat mein Vater deutschsprachige Zeitungsartikel und historische Forschungsberichte über das Land seiner Herkunft ins Albanische übersetzt. Mir wurde das Ausmaß seiner Tätigkeit, die er still und stoisch pflegte, erst klar, als das Forum, in dem er seine Übersetzungen veröffentlichte, vom Netz genommen wurde. Wie er mir später erzählte, hatten die meisten seiner Posts einige tausend Unique Visits, manche aber erreichten die Zehntausendermarke, zuletzt eine fast dreißig Jahre alte Literaturkritik.

Mein Vater, der zwei Spiralbindemaschinen, ein Laminiergerät, einen Multifunktionsdrucker und an die hundert Aktenordner besitzt, mein Vater also, der auch Verwaltung und Aktenablage liebt, hatte keine Sicherheitskopien gemacht. Er hatte die Übersetzungen meist direkt in das Feld innerhalb des Browserfensters getippt, das man zum Posten benutzt, ohne den Umweg übers Textverarbeitungsprogramm zu gehen. Erst war ich fassungslos, dann sehr betreten. Wir sprachen über die gefährdete Pressefreiheit in Albanien, über die Manipulation europäischer Wählerinnen, über Cambridge Analytica und bezahlte Trolle, über albanische Fernsehmoderatorinnen, die sich, der eigentlichen Sprache anscheinend kaum mächtig, in einer Art einzigem Neologismus ausdrücken, auf eine Weise, für die Emigrantenkinder in den Dutzenden Sommern seit der Wende scharf gescholten worden sind.

Abschließend warnte er mich, wie er es schon immer getan hat, ich möge stets Sicherheitskopien anfertigen, dreifach, auf einer externen Festplatte, auf Papier und schließlich in der Wolke, wie er die digitale Cloud ganz selbstverständlich nennt.

Mir aber war erst einige Wochen zuvor selbst ein Unglück widerfahren. Am Vorabend des Luciafests hatte ich versucht, eine wiederkehrende, nervtötende Fehlermeldung zum Verstummen zu bringen, und so versehentlich meinen iCloud-Account gelöscht und mit ihm, unwiderruflich, ungefähr 4000 der insgesamt über 5000 Notizen, die ich in den vergangenen drei Jahren angesammelt hatte.

Ich beherrschte diese Notizen wie sonst nichts in meinem Leben. Mein Zugriff auf sie erschien als vollständiger. Sie waren mein Versuch, mir einen Reim auf die ständige Herstellung und Wiederherstellung der Wirklichkeit zu machen, der ich mich ausgesetzt sah, der zu entgehen mir noch immer unmöglich ist. Da waren: synchronisierte Ordner und Unterordner und Unterunterordner, in ihnen: Belauschtes, E-Mail-Anfänge, Kurzessays, erste Sätze, letzte Sätze, Plots, Wikipedia-Artikel, schöne Begriffe, Listen und Listen und Listen. Mein ganzes Leben war – systematischer und klarer als jemals in der immer etwas unzulänglichen physischen Welt – dort abgelegt.

Jeder Schreibakt begann damit, dass ich die Notizen per Strg + F nach relevanten Stichwörtern durchforstete. Nur wenn sich die vergangene und die zukünftige Enis in der jetzigen, in den Ordnern wühlenden, vereinten, war die Herstellung derjenigen Bedeutungen und Behauptungen, die man in Ermangelung alternativer Begriffe Text nennt, möglich.

Am wichtigsten waren die Wikipediaartikel. Sie haben Bestand, und das tröstet mich. Für einen meiner Lieblingsartikel gilt das nicht, doch gerade ihn erinnere ich: *Okkulte DDR*. Zwei Jahre und einen Tag bevor ich versehentlich meine Notizen vernichtete, löschte Ephraim33 ihn endgültig, nachdem Baumfreund-FFM den Artikel zweieinhalb Monate zuvor bereits in das Lemma *Umgang mit dem Paranormalen in der DDR* verschoben hatte.

Beide User haben durch ihre langjährige Tätigkeit in der Wikipedia im Jahre des Herrn 2007 Administratorenprivilegien wie beispielsweise das Recht zur Löschung erhalten. Seit einem Jahrzehnt treffen sie Entscheidungen, die das Wissen aller formen. Seit einem Jahrzehnt übernehmen sie Verantwortung, und ebenso lange schon verfolge ich die Löschdiskussionen. Ich bin süchtig. Neben der Registerkarte »Artikel« verfügt jedes Lemma über die zusätzliche Registerkarte »Diskussion«. Lemmata wie *Krieg in der Ukraine seit 2014* oder *Wuppertaler Schwebebahn* verfügen über Archive, in denen langwierige Diskussionspunkte nach Jahren sortiert zusammengefasst werden, unter *Natronsee* oder *Hans Reiter (Mathematiker)* herrscht Leere.

***

Ich erinnere: mich, als Kind, im Schneidersitz, den man auch Zwiebelverkäufersitz nennen kann, auf dem Boden, wie ich den Wahrig unter dem Bett hervorhole, die Vokabeln studiere, als verstünde ich sie, Stunden, Tage für einen Buchstaben, E, G, Q, Y.

***

Diesen Sommer will ich das Archiv von Radio Tirana besuchen und mir die Märchen meines Vaters anhören. Ihre fortdauernde Existenz ist nicht mehr als ein frommer Wunsch. Er sagt, sie seien im Grunde von denen, die er mir und meiner Schwester als Kindern erzählte, kaum zu unterscheiden, und dieses *kaum* ist es, das mich interessiert, das den Unterschied macht.

Ich kann mir nicht vorstellen, dass diese Märchen möglich waren, im albanischen Radio, Ende der Achtzigerjahre – der sogenannte Eiserne Vorhang war noch nicht gefallen, Ivi, der erste Punk Tiranas, vermutlich schon zum zweiten oder dritten Mal in die Psychiatrie eingeliefert worden, mein Vater stand um Petroleum an, Helmut Kohl machte sein Ding, der Westen war der Westen, und der Osten war der Osten, die Väter meiner Freundinnen und Freunde arbeiteten unter Tage, holten ihre Frau nach, gründeten ihre zweite Rockband, absolvierten eine Ausbildung als Industrieschlosser bei irgendeinem volkseigenen Betrieb, hüteten das Vieh oder verbrachten beruflich ein halbes Jahr in Asien. Unsere Väter waren noch nicht unsere Väter da, die Welt war eine andere da. Wir haben den Übergang nicht ermitteln können, wir haben den Augenblick verpasst, in dem sie eine andere wurde, in dem ihre Produktionsverfahren sich änderten, in dem die alten Methoden der Herstellung von Wirklichkeit ausgeschlichen wurden. Dieser Augenblick war nicht unbedingt der Mauerfall, und doch kam er dem Abtragen einer Mauer gleich, hinter der sich, bis dahin unbesehen, ein Meer aus Stacheldraht verbarg. Der Todesstreifen entpuppte sich als Strand.

Ich kann mir also nicht vorstellen, dass damals, Ende der Achtzigerjahre, auf Radio Tirana die gleichen Märchen laufen konnten, die mein Vater mir und meiner Schwester später erzählte, ich kann mir nicht vorstellen, dass irgendein Kommilitone Margaritas seine Stimme dem Zauberjungen lieh, der, auf der Flucht vor der bösen Hexe, die Prinzessin in ein Minarett verwandelt und sich selbst in eine giftige Schlange, die sich darum windet. Ich kann mir nicht vorstellen, dass das Paranormale und das Übernatürliche zugelassen wurden, ich weiß: Es gab keinen Platz für Subversion, ich weiß: Subversion war nie die Absicht meines Vaters, ich weiß: Bei der Beurteilung dessen, was als subversiv gilt und was nicht, hat die Frage der Absicht noch nie eine Rolle gespielt.

***

Meine Hoffnung, ich könnte das alles rückgängig machen, die Notizen würden irgendwie wieder auftauchen, die Übersetzungen aus den Untiefen der Wayback Machine angespült werden, erwies sich als vergeblich. Wenn seine Übersetzungen eine besondere Stärke hatten, meint mein Vater, dann war das ihre Freiheit. Ich kenne sie nicht.

***

Man sagt: Ich spreche Albanisch, unë flas shqip, man sagt: Ich spreche aus, unë shqiptoj, man sagt: Ich übersetze ins Albanische, unë shqipëroj, man sagt: Sieh, ein Adler, nein, man sagt: Sieh, eine Adlerin, shih, një shqipojnë.

***

Meine Überraschung, als ich, das Kind, zum ersten Mal mit meiner Mutter in *Kabale und Liebe* ging, ihr Lieblingsstück, meine Überraschung also, dass da keine Reime sind in diesem Text, wo sie in der albanischen Übersetzung, die meine Mutter in den unpassendsten Situationen zum Besten gibt, unbestreitbar existieren.

Luise sagt: Dieser Brief – Fasse dich, ein entsetzliches Wort zu hören – Meine Hand schrieb, was mein Herz verdammte – dein Vater hat ihn diktiert. Luise sagt: Këtë letër – kjo dorë e shkroi, kjo zemër e mallkoi – yt atë ma diktoi, und sagt nichts mehr, und der Präsident ergreift die Hand des sterbenden Sohnes, der nur ein weiterer in einer Reihe blutrünstiger Männer ist, ganz gleich, ob real oder fiktiv, und der Präsident, auch er vermutlich im Grunde ein Amerikaner, ergreift die Hand des sterbenden Mörders, um eine Vergebung zu behaupten, die der ihm nicht gab.

***

Reiche bestehen, Reiche vergehen, meint mein Vater, der ein post-totalitärer Vater ist, und diesen Standpunkt den seinen zu nennen ist Wahrheit und Lüge zugleich. Der Sozialismus war nur ein weiterer in einer Reihe gescheiterter Versuche, meint mein Vater. Versuchs noch mal!, tönt es, irrt man sich, aus dem Kästchen eines Quizspiels, das wir in der Grundschule ausleihen durften.

Ich erinnere: meinen Vater, der seinen zwecks Unterhaltung auf der Nachtschicht erworbenen transportablen Kleinstfernseher mit einem Mann teilte, der, nach allem, was ich weiß, keinen Vornamen hatte, sondern bloß »der DDRler« hieß, bekennender Ausländerfeind war, aber ihm, meinem Vater – seinem Kollegen –, der darüber hinaus über einen Fernseher verfügte, versicherte: Du bist anders als die anderen, ganz anders. Ich erinnere: mich, siebenjährig, empört, wie ich meinem Vater befehle, nie mehr mit diesem gemeinen Mann zu sprechen, ich erinnere: meinen Vater, wie er schallend lacht und sagt: Du hast noch viel zu lernen.

Wie das Wort Widerstand mit Mündern formen, die dort sprechen lernten, wo Dissidenz gemeinhin als unmöglich galt? Wo Widerstand drei offizielle, und damit einzig mögliche, Formen hatte: gegen die Nazis, gegen den kapitalistischen Imperialismus, gegen den sowjetischen Revisionismus. Was ist das Verhältnis zwischen Wissen und Widerstand?

Im Himmel, damals, vermutlich auch heute: keine paranormalen Aktivitäten, nur Sternenstaub und Mikrowellen und Dinge, die wir noch nicht ganz verstehen. Auf den Gassen, den Boulevards und Plätzen heißt es: Hinaus zum 1. Mai, hinaus zum Tag der Frau, hinaus zum Tag der Befreiung, hinaus. Ich studiere, ich lese, ich stelle fest: Im Spätkapitalismus wird der Dissidente nicht mehr gefoltert und ermordet, er wird zum Fremden erklärt. Ich schreibe: Die Flüchtige steht unter einem anderen Himmel, ihre Augen sehen eine andere Weite.

In der Zeitung eine Meldung über subversive Flaschenpost, die im Süden Koreas ins Meer geworfen wird und im Norden an den Stränden aufschlägt, darin: 700g Reis, genug für zwei Tage, im Reis versteckt ein USB-Stick, der südkoreanische Fernsehsendungen enthält, untertitelte Reden Trumps, und, da ist der Haken, eine Bibel. Wer sind die Menschen, die diese Flaschen ins Meer werfen? Welche Kirchen finanzieren die Rettung, die dadurch nicht weniger rettend wird und doch mehr als bloße Rettung?

Wie ungerecht ist es von mir, dass ich misstrauisch werde, wenn ich lese: eine freiwillige Helferin, die siebzigjährige Frau Park, will ihren Klarnamen nicht in der Zeitung gedruckt wissen, weil ihr Mann und ihr Sohn noch immer in Nordkorea sind? Der Leser weiß, jede Koreanerin weiß, Frau Park weiß, dass ihre Familie im Arbeitslager sein wird, dass Frau Parks Freiheit bezahlt ist mit der nunmehr vollständigen Verneinung der bereits zu Beginn empfindlich eingeschränkten Freiheit ihrer Lieben, mit der Zerstörung ihrer Gesundheit und der Brechung ihres Willens, und dass das für alle Anverwandten entflohener Dissidenten gilt. Was wir hier aber nicht wissen: welcherart die Gewalt ist, die Frau Park dazu brachte, sich für andere, nicht weniger alte Pflichten zu entscheiden.

Es ist die Rede von einem Land, in dem die Überwachung so feinmaschig ist, dass von denen, die sich wehrten, nicht einmal Brei bliebe, sondern bloß dünne Rinnsale. Wo Generationen von Kindern in Konzentrationslagern aufwachsen, ihre Eltern denunzieren, verhungern. Wer wehrte sich da? Ist dieses ungerechte Gefühl in seiner ganzen Kurzsichtigkeit also verwandt mit der Rede von Syrern, die das Vaterland verteidigen sollten, statt in den Westen zu fliehen, ist es also mit einem Sprechen verwandt, das ich verachte, dessen täglich neue Auftritte ich als Bedrohung empfinde? Wie ungerecht ist es, dass meine erste Reaktion auf jemanden, der die Freiheit gewählt hat und dafür kämpft, dass andere sie haben können – kämpft, und wiederum auch nicht, denn was um Himmels willen sollen diese Bibeln, welcher protestantische Kult hat sich an die Fersen dieser religiös ungefestigten Frau geheftet? –, wie ungerecht ist es also, das Unverurteilbare zu verurteilen? Es geht hier nicht wirklich um Frau Park, das gebe ich gern zu, sondern vor allen Dingen um jene nordkoreanischen Diplomaten, die sich nach Auslandsbesuchen absetzen, die also derjenigen Maschine entfliehen, deren Wartung sie mitverantworteten. Am meisten aber geht es hier vielleicht um Hwang Jang-yop, den jahrzehntelangen nordkoreanischen Chefideologen, der 74-jährig floh und Frau, Kinder und Enkelkinder zurückließ.

Wie kommt es, dass der Wunsch, diese Fragen auszusprechen, schwerer wiegt als die Scham, sie überhaupt zu stellen? Ist der Wunsch, die Dinge mit dem Mund zu formen, jenes fruchtbare Löss, auf dem die Folgefragen gedeihen wie Zuckerrüben? Was bedeutet ein Urteil, und was bedeutet seine Verweigerung? Was für ein Ungehorsam ist möglich, wenn das Risiko, das man in Kauf nimmt, nie nur das eigene ist? Wenn man weiß, dass das

Schicksal der zurückgelassenen Geliebten und Anverwandten bei Erfolg der eigenen Befreiung besiegelt ist, bis zum Umsturz, wenn sie ihn denn erleben und nicht zuvor im Steinbruch tot zusammenbrechen? Galt das alles nicht ebenso für den ursprünglichen antifaschistischen Widerstand? Waren aber die technischen Methoden der Überwachung in den faschistischen Staaten des 20. Jahrhunderts nicht um ein Vielfaches ineffizienter, als es die heutigen sind? Ist aber Sippenhaft nicht ein deutsches Wort? Sind aber Albanien und Nordkorea nicht deshalb die Beispiele in dieser Geschichte, weil in diesen Staaten Überwachung und Sippenhaft ein nie da gewesenes, ein anderswo völlig unbekanntes Ausmaß hatten und haben? Sind aber Albanien früher und Nordkorea heute überhaupt miteinander vergleichbar? Heißt aber die Quelle dieses Ausmaßes nicht Stalinismus? Ist aber derjenige Terror, den man stalinistisch nennt und der doch auch nach Stalin fortdauerte, nicht aus einem anderen Stoff? Wie aber konnte der Stalinismus dort, wo er entstand, verschwinden, wie konnte der sowjetische Totalitarismus nunmehr autoritär werden? Das Ende des Faschismus war ein von außen erzwungenes, es genügt ein Gang durch das sowjetische Ehrenmal im Treptower Park, es genügt ein Blick auf die Ausnahmen, auf Spanien oder Südafrika, um das zu verstehen. Bedeutet der Tod eines grausamen Führers automatisch das Ende seines Systems, das ja nie nur das seine ist, sondern eines vieler Teilnehmer, Wartender?

Mutmaße ich also, in einem totalitären System sei kein

Widerstand möglich? Nein. Ich sage, nein, ich nehme an, Widerstand im Totalitarismus müsse auch bedeuten, über die Opfer zu entscheiden, die andere werden bringen müssen, Widerstand im Totalitarismus müsse auch bedeuten: Ein Einzelner spielt Schicksal, spielt den Gott vieler, oder, genauer, irdischer: Ich sage, egal wie sehr Regime sich bemüht haben, das Gegenteil zu erwirken, kein Himmel ist paranormaler, mystischer, übernatürlicher als der totalitäre Himmel. Ich sage, es ist notwendig, die Ausnahmen zu studieren, die Vormütter, die Wiedergänger, die Eiskalten und die Schwachen. Ich sage, es ist nötig, die Vergangenheit und ihre Bewohner zu studieren, wie man eine Landkarte studiert. Ich sage, es ist nötig zu verstehen, dass eine Landkarte nur eine Annäherung ist, dass sie winkeltreu sein kann wie die Mercator-Projektion oder flächentreu wie die Gall-Peters-Projektion, dass sie immer die Verzerrung des Abgebildeten bedeutet, die in dem Moment, in dem man die Landkarte mit dem Abgebildeten verwechselt, seine eigene wird. Ich sage, dass jede Landkarte nicht mehr ist als ein weiterer in einer Reihe sich stetig verbessernder Versuche. Mehr sage ich nicht, mehr steht mir zu sagen nicht zu, vielleicht auch dies Gesagte nicht.

Neunzig Prozent aller Menschen, die im Jahre des Herrn 2017 aus Nordkorea in den Süden geflohen sind, haben vorher so einen Memory Stick in den Händen gehalten.

Was wäre die Alternative? Was hätte Frau Park, die Jederfrau, tun können, wäre sie dageblieben? Dieser Text weiß keine Antwort, denn ich kenne Nordkorea nicht, ich kenne das totalitäre Albanien nicht, ich kenne nur Geschichten aus zweiter dritter vierter Hand, ich kenne bloß – vage, entfernt, wie in Watte gepackt, scheinbar unschädlich – das Allzeit bereit!, die Panik, die paranoide Gewissheit, jetzt! jetzt! jetzt! passiert etwas, jetzt! gerät die Welt aus den Fugen, jetzt! fliegt der Schwindel auf, jetzt! werde ich standrechtlich erschossen. Ich kenne: das Gesicht meines Großvaters, ich kenne: seinen schweren Körper, der in den Sessel sinkt, ich kenne: seine dunkle Stimme, die sagt: Wir haben ein Leben in Angst verbracht, es ist nicht möglich, das jemandem zu erklären, der es nicht erlebt hat, auch du, sagt er zu meiner Mutter, verstehst nicht, was es bedeutet, ein ganzes Leben mit dieser Angst zu verbringen.

Die Überbleibsel dieses Knalls, der eine kalte, nasse Furcht ist, die Überbleibsel dieses Knalls, die mit der nur schleichend zurückweichenden Gänsehaut nach dem Durchbrechen der Schallmauer vergleichbar sein könnten, diese Überbleibsel also, die auch mir gehören, habe ich anfangs, als ich begann, über ihre Existenz nachzudenken, auf die in meiner und anderen Familien lange grassierende, weil berechtigte Angst vor Abschiebung, vor Rückverschickung in ein abgestoßenes Leben zurückgeführt, richtiger- und fälschlicherweise.

Ich erinnere: mich, fünfjährig, wie ich das Telefonbuch lese in der gelben Zelle, ich erinnere: meine Mutter, wie sie hektisch Pfennige in den Schlitz schiebt, ich erinnere: eine Schlange Ausländer, draußen vor dem Plexiglas, im orangefarbenen Licht der Straßenlaternen an der Kreuzung Haupt-, Ecke Ringstraße. Die Frauen rollen mit den Augen, ein Mann haut mit der Faust gegen die Zelle, meine Mutter erhöht die Sprechgeschwindigkeit – double time, vielleicht liegt hier der Beginn ihrer Liebe zum Deutschrap. Acht Jahre, kurz für mich, lang für meine Eltern, kaum zu erinnern für meine Schwester, ein Mythos vergangener Unzeiten für meinen Bruder. Eine frühe Kindheit zwischen Koffern, Pappkartons und diesen mobilen Plastikkleiderschränken, die in unserem konkreten Fall hellgrau waren, matt und mit rosa Blüten bedruckt. Sie und die Blümchen, die meine Mutter aufs Telefonbuch kritzelte, waren meine Vorbilder, als ich mich an ersten botanischen Abbildungen versuchte.

Es stimmt: Ich kann mir die Lautstärke der Angst, die Wucht des Knalls, das Leben in der Schlange, die Sorgen der Parks nicht vorstellen. Ich kann mir kein Urteil bilden und glaube doch, nicht umhin zu kommen, weil die Überbleibsel auch mir gehören, weil sie mir eingeprägt sind wie einer imperialen Münze. Ich habe nicht darum gebeten und bin doch dankbar, denn: Schlussendlich – ich verzichte darauf zu sagen: vorläufig – wurden die drakonischsten Methoden der Regime, der faschistischen, der stalinistischen, der kapitalistischen, die Schatten, die wie Realitäten wirkten, stillschweigend und doch mit Nachdruck aus unseren Leben ausgeschlichen.

Dort wurde kleiner, verschwand, nicht erst nachdem die rosa Duldungen durch Sticker im Pass ersetzt wurden. *Dort* hörte mit der Ausreise meiner Eltern, die eine Auswanderung war, auf zu existieren, und dieses Faktum konnte ich erst in Sachsen begreifen, da, wo die Leute blieben und das Land aufhörte, wo Vereinigung ohne Auslöschung undenkbar wurde. *Dort* ist nunmehr ein weiterer in einer Reihe gescheiterter, brutaler Versuche. Das Lösungsmittel, mit dem wir uns das *dort* abwuschen, hieß *hier*, und es wurde erst im 21. Jahrhundert wirklich für Leute wie uns, für Leute, die davor, im Vorhinein, jahrelang und erfolglos darum angestanden hatten.

***

Ein blühender Garten im sachsen-anhaltinisch-sächsischen Grenzgebiet, die Äste des Kirschbaums biegen sich, wie man so sagt, unter seiner Last, über den Leuna-Werken Flammen, Teer in der Luft, Marcels Vater spricht von den drei großen Weltstrudeln, von der Leipziger Energiebörse, er erklärt, dass Humanblut ausschließlich in PVC-Beuteln gelagert werden kann, er singt das Hohelied des Kunststoffs, des Recyclings, er klagt die Müllmafia an, wir spekulieren über den Verbleib jener Tonnen Plastikmüll, die seit einigen Monaten nicht mehr in die Volksrepublik China importiert werden können, er erläutert uns die Geschichte aller

Chemiewerke der Umgebung, er spricht von Arbeitsplatzabbau, von Siegermentalität, vom Palast der Republik, einem Gebäude, das ihm so lange gleichgültig war, bis man es ausradierte.

Pascal muss uns nicht erst daran erinnern, dass der im Palast verbaute Stahl in neu produzierten Volkswagen Verwendung fand. Wir sprechen von den zufälligen Entdeckungen der Weltgeschichte: Feuer, LSD, Plexiglas.

***

Ich erinnere: uns, streitend, mich, wie ich sage: Ismail Kadare will widerständig gewesen sein und saß jahrelang im sogenannten Parlament, wie ich sage: Der easy way out ist auch nur eine Blamage, meine Mutter, wie sie sagt: Seine Bücher waren ein unmöglicher, oppositioneller Hauch, meinen Vater, wie er sagt: Da ging es magisch zu, und Magie war nicht vorgesehen. Wie ungerecht bin also vielleicht nicht nur ich, wie ungerecht ist jemand wie Kadare, der sich jetzt zum Eindeutigen stilisiert, wo die Uneindeutigkeit nicht nur sein Leben rettete, sondern, auf eine andere Art, zugleich die Leben vieler seiner Millionen – und es waren, unvorstellbarerweise, Millionen! – Leserinnen.

Wie so oft ist hier eine Sache so wahr wie ihr Gegenteil, es stimmt und stimmt nicht, oder, vielleicht stimmt es anders, als im Nachhinein behauptet wird, im Nachhinein, ein viel zu kleines Wort für das, was folgte.

***

Mein Vater, wie er mir das Internet erklärt, jedes Jahr aufs Neue, besser, nein: anders. Mein Vater, wie er, ohne diese Worte zu verwenden, sagt: unbedingter, bedingungsloser Glaube ans offene Netz, sagt: digitale Allmende, sagt: kollaboratives Arbeiten, sagt: teilen, Teilhabe, Transparenz, mein Vater, wie er von der Wolke schwärmt. Es scheint seltsam folgerichtig, dass er keine Sicherheitskopien angefertigt hat. Welches ist das Verhältnis zwischen Übersetzen und Schreiben?

Ich erinnere: mich als Kind, unsere dritte Wohnung, die Schrankwand: Gelsenkirchener Barock, der Teppich: ein Angebot vom Perser aus Essen, in den Vitrinen: Schäferinnen und Cellistinnen aus billigem Porzellan, hinter der Wohnzimmertür, im toten Winkel: der Computer. Es ist die Ära der AOL-CD-ROMs.

Anscheinend, das erfuhr ich erst Jahre später, verfolgten meine Eltern damals eine Kriminalfortsetzungsgeschichte, die auf der AOL-Homepage veröffentlicht wurde, um die User zum täglichen Einloggen zu animieren. Vielleicht ist in so einem Internetzusammenhang, von uns unbemerkt, jener Fortsetzungsroman veröffentlicht worden, der das 21. Jahrhundert erklärt oder zerfickt oder beides. Vielleicht ruht irgendwo in den AOL-Archiven, falls es die überhaupt gibt, ein zeitgenössischer Oliver Twist, ein Graf von Monte Christo – das Quecksilber zukünftiger Amalgame. Vielleicht sitzt irgendwo in einem umgebauten und geschmackvoll, wenn doch etwas karg eingerichteten ehemaligen

Schweinestall im mittleren Westen eine ältere Dame, die sich morgens Whiskey in den Zahnputzbecher füllt, die sich grämt, weil sie keine Sicherheitskopien gemacht hat, und wer würde nicht mit ihr fühlen.

Meine Eltern, wie sie sich über den Aufbau des Modems streiten. Mein Vater, wie er mir die Sprache der Computer erklärt, in der einen Hand eine Mandarine, in der anderen einen Filzstift. Nullen und Einsen. Ja und Nein. Der Computer kann die unmöglichsten Berechnungen ausführen, gerade weil er nur Ja und Nein, Null und Eins, An und Aus kennt. Seine scheinbare Dummheit ist sein Geheimnis, der Computer ist wie Reese Witherspoon in *Natürlich Blond*. Er wird immer schmaler und kompetenter, wie Anne Hathaway in *Der Teufel trägt Prada*.

Mit ausgestreckten Armen zeigt mein Vater, wie groß die Rechner früher einmal waren, in einer anderen Welt, ungläubig höre ich, dass noch während seines Studiums alles, was man auf dem Bildschirm sehen konnte, so aussah wie das schwarz-weiße DOS-Interface in den ersten Sekunden, wenn unser Windows 98 hochfährt. Die ersten Downloads von Büchern, die erste Spiralbindemaschine, Windows 2000, die ersten Amazonbestellungen, die Jahre gehen ins Land, die Wohnung quillt über von Papier, das vom digitalen Raum erzählt.

* * *

Arnold fasst einen Film zusammen, den ein Bekannter von ihm umsetzen will, wenn nur die Mittel nicht fehlten. Er klingt unfassbar gut, wahnwitzig. Erzähl das nicht weiter, sage ich, jemand wird seine Idee klauen, und Arnold sagt: Nein, ganz falsch, geistiges Eigentum ist eine Illusion, wir schreiben doch alle an demselben notwendigen Text, irgendjemand muss es ja tun, und was nicht geschrieben wird, ist eben niemals fehlender Teil dieses notwendigen Texts gewesen. Das stimmt natürlich nur in einer Welt, in der alle Menschen über das gleiche Maß an tatsächlicher Macht verfügen, in derjenigen Welt also, die meine antifaschistischen Leipziger Mitbewohnerinnen mit einem charmanten Mangel an Ironie »die befreite Gesellschaft« nannten, eine Formulierung, die vor so viel hilfloser Ehrlichkeit strotzt, dass ich sie in mein Repertoire aufgenommen habe.

Ich denke an Brecht und Marieluise Fleißer, an Scott und Zelda Fitzgerald, ich denke an Rosalind Franklin und das menschliche Genom, ich denke an jene, die ich nicht kenne, an die vergessenen Frauen, deren Autorschaft unbequellt ist und doch wahr bleibt.

***

Ich erinnere: mich, siebzehnjährig, wie ich vor dem Schultor stehe und ein mit jungem Gouda, Gurke und Remoulade belegtes Fladenbrotdreieck aus der Mensa esse, wie ich die MLPD-Jugend dabei beobachte, wie sie das *Rotfuchs*-Magazin an nichtsahnende Neuntklässlerinnen mit enormen Primark-Creolen verteilt, wie ich auf Can und Gianna warte.

Ich erinnere: unsere Deutschlehrerin, wie sie uns klarzumachen versucht, dass Prinz Friedrich von Homburg vielleicht ein peinlicher Loser ist, genau da indes der Hund begraben liegt, weil er der erste wirklich wichtige peinliche Loser der westlichen Literaturgeschichte ist, der erste offizielle Antiheld, und als Friedrich also zur Prinzessin gewendet sagt: Du armes Mädchen, weinst! Die Sonne leuchtet / Heut alle Deine Hoffnungen zu Grab! / Entschieden hat Dein erst Gefühl für mich, / Und Deine Miene sagt mir, treu wie Gold / Du wirst Dich nimmer einem Andern weihn. / Ja, was erschwing' ich, Ärmster, das Dich tröste? / Geh an den Main, rat' ich, ins Stift der Jungfraun, / Zu Deiner Base Thurn, such' in den Bergen / Dir einen Knaben, blondgelockt wie ich, / Kauf' ihn mit Gold und Silber Dir, drück ihn / An Deine Brust und lehr' ihn: Mutter! stammeln, / Und wenn er größer ist, so unterweis' ihn, / Wie man den Sterbenden die Augen schließt. – / Das ist das ganze Glück, das vor Dir liegt! – als der Prinz das also sagt, meint Can, der klingt ja wie so'n eifersüchtiger Türke, und unsere Lehrerin, die wir noch heute lieben, dreht sich um und meint: Stimmt. Ich erinnere: Es verschlägt uns die Sprache.

***

Unaufhörlich wird das Politische beschworen, ganz so, als bliebe irgendein Winkel von ihm verschont, ganz so, als seien jene hegemonialen Positionen, die wir objektiv nennen – es ist so ermüdend, sie beim Namen zu nennen, aber es muss sein: die weißen, die männlichen, die heterosexuellen –, ganz so, als seien diese Positionen und die sogenannten Wahrheiten, die sie hervorbringen, nicht selbst und schon immer politisch gewesen, als sei das nicht alles ein uralter Zopf. Als lauere das Böse nicht auch und gerade in den untauglichsten Nischen.

Ein Beispiel: der Eintopf. 1933 führten die Nazis den Eintopfsonntag ein, die Devise: einmal monatlich statt Sonntagsbraten Eintopf und das gesparte Geld ans Winterhilfswerk spenden. Vor sieben Jahren ergänzt Pedwiki die Bezeichnung *Spende* um den Zusatz, sie sei vom Blockwart eingetrieben und in einem Spendenblock vermerkt worden. Pedwiki schreibt über sich: 1924 in Hamburg geboren, schreibt: erst Zollbeamter, dann Steuerberater, schreibt: den Nazis abholdes Elternhaus, schreibt: erst Ende 1935, nachdem ich meine Eltern öfter bedrängt hatte und nun auch durch unseren jüdischen Hausarzt Dr. Alfred Oppenheim, verstorben 1954 in San Francisco, unterstützt wurde, durfte ich Pimpf werden, schreibt: 1949 aus sowjetischer Kriegsgefangenschaft entlassen, schreibt: Gab man dem Blockwart nichts, so wurde man von den konformen Mitbewohnern des Hauses gern registriert und galt mithin als gefährlicher Außenseiter. So weit, so süß. Beim Versuch, Pedwikis Autobiographie *Ruki werch!* (russisch für: Hände hoch!) zu ergooglen, stoße ich zwar nur auf eine EDM-Kombo und einen ehemaligen Volkspolizisten, der eine – es liegt ja auch nahe – gleichnamige Autobiographie verfasst hat, aber trotzdem, unbequellt oder nicht, lasse ich mich auf die Geschichte ein, den Prinzipien der Enzyklopädie zum Trotz.

Im Frühling diesen Jahres, Pedwiki ist möglicherweise verstorben, er meldet sich auf jeden Fall nicht mehr, antwortet eine Kasseler IP-Adresse: Was heißt hier *notiert* – natürlich wurde und wird bei Haussammlungen der jeweils eingenommene Betrag registriert, und zwar, damit das Geld auch bei der veranstaltenden Institution ankommt und nicht unterwegs »verschwindet«. Das diente also mindestens auch der Kontrolle der Sammler und sollte wohl auch den Anschein der Seriosität erwecken, um böswilligen Gerüchten entgegenzuwirken. Mit anderen Worten: Wenn der Blockwart *keine* Spendenliste geführt hätte, hätte er deswegen wesentlich weniger bekommen, weil man ihm unterstellt hätte, das Geld in die eigene Tasche zu stecken.

Es hat keinen Zweck, das noch kommentieren zu wollen.

***

Wir in der Küche, draußen der Schnee, Hang fragt, ob ich Jujubesirup für meinen Tee will, versucht, mir die

Frucht zu erklären, die er in Deutschland noch nie gesehen, in Shandong als Jugendlicher aber selbst gepflückt hat, die er unerwarteterweise im vietnamesischen Supermarkt seines Vertrauens in Sirup eingelegt fand. Ich kann mir noch immer kein Bild machen, gebe das Wort in der Wikipedia ein, scrolle, stelle fest: Es handelt sich bei der Jujube um jene Frucht, die auf Albanisch hide heißt, die klein ist, glatt, grün mit braunen Sprenkeln und bei völliger Reife ganz braun. Ich erinnere: den bayrischen Sommer, in dem ich erfuhr, dass Kornelkirschen nichts anderes als thana sind. Die Jujube hat mittlerweile als neues Superfood die Nachfolge der Gojibeere angetreten, wie ich, einige Jahre nach diesem Winterabend, zufällig mitbekam.

***

Die Aufmerksamkeit, die man den Manipulationsmöglichkeiten in der Wikipedia schenkt, die Vehemenz, mit der man postuliert, es handele sich bei ihr um keine seriöse Quelle: Diese Energie könnte, müsste produktiv genutzt werden, um jede Art von vermeintlich objektiver, hegemonialer Autorität in Wissensfragen auf eine neue – das heißt: immer kritische – Weise zu betrachten.

Die Frage danach, ob in der Wikipedia mehr Umstrittenes, Ungeklärtes oder sachlich Falsches als beispielsweise in der Encyclopædia Britannica steht, ist ein heißes Eisen. Viele meinen: nicht wesentlich, manche, unter anderem die Redaktion der Britannica, meinen: Ja, und wie. Als gesichert kann aber gelten: Die Stärke der Wikipedia zeigt sich besonders, wenn viele mitarbeiten. Die der Darstellung von Wissen, der Herstellung von Wirklichkeit zugrunde liegenden Debatten werden transparent gemacht, während die Produktion vermeintlich objektiver Standpunkte in der Redaktion der Britannica opak bleibt.

***

Ich lese: von Ulrich Inderbinen, der noch als Neunzigjähriger das Matterhorn, diesen unheimlichsten, bergförmigsten aller Berge bestieg. Ich lese: von Luhmann, der aus seinem Zettelkasten, seinem Notizarchiv, ganze Bücher generierte. Ich lese: Felixstylz' zehn Jahre alten Diskussionsbeitrag zu Hildegard von Bingen: Ich finde am wichtigsten ist ihre Musik. Sie sagt viel aus, außerdem glaube ich, man sollte mehr auf das Thema eingehen, da sie uns bestimmt etwas damit sagen sollte. Ich lese: Die gottgeweihte Jungfrau gehört weder der kirchlichen Hierarchie an, noch sind bestimmte Ämter oder Funktionen mit diesem Stand verbunden. Sie wird auch nicht von der Kirche unterhalten, sondern ist für ihren Lebensunterhalt selbst verantwortlich. Ich lese: Gregor Weichbrodts *Dictionary of non-notable Artists*; der Autor, ein Mensch, schreibt einen Text, der ein Befehl ist, ein Programm also; Weichbrodt befiehlt der Maschine, jene Künstlerinnen am Wegesrand aufzulesen, die in demokratischen, öffentlich einsehbaren Abstimmungsverfahren aus den Annalen des Wissenswerten gelöscht wurden. Die Verfechterinnen der Republik wissen: Die totale Demokratie ist Tyrannei. Weichbrodt und Hannes Bajohr, wie sie der Maschine auftragen, die öffentlich einsehbaren Gespräche wütender Rechter auf ihre Satzanfänge hin zu ordnen: ich glaube, 90 % der Polizisten sind im Herzen bei uns, ich liebe mein Land und möchte das es sich nicht negativ verändert, ich habe nichts gegen Ausländer im allgemeinen, ich hatte ja auch schon Freundinnen aus 5 verschieden ländern, ich hoffe das System zahlt euch einen guten Judaslohn dafür das ihr nationale Deutsche ausgrenzt und denen da oben in die Hände spielt, Glaube, Liebe, Hoffnung, diese drei.

***

Es geht um Niue, eine mit Neuseeland assoziierte südpazifische Insel. Holger schreibt: Die Rinderzucht ist zum Erliegen gekommen. Es gibt KEINE weiblichen Rinder mehr auf Niue. Bei einer Rundfahrt um die Insel kann man die wenigen männlichen Exemplare an einer Hand abzählen: Es gibt ein Rind in Hakupu, eines in Liku und zwei in Mutalau. Beste Grüße, Holger. Sechs Jahre später ergänzt er: Tachchen, Holger wieder. Alle männlichen Rinder sind mittlerweile ebenfalls gestorben, oder geschlachtet. Das Letzte entweder in Liku, oder Hakupu. Darüber erhielt ich unterschiedliche Angaben. Einige Stunden später, Chtrede: Das ist alles ganz wunderbar, aber ohne Quelle reinste Theoriefindung. Am nächsten Tag, Emeritus: Der Totalverlust an beef cattle war bisher leider den üblichen Nachrichtensendern oder Zeitungen noch keine Meldung wert; kann aber noch kommen, wenn es sich herumgesprochen hat.

Es geht um Ibo, den Schlagersänger, bürgerlich: Ibrahim Bekirović. Bungalow in Santa Nirgendwo schreibt: Die Änderung auf den Realnamen ist Unsinn, käme gleich, als müsste man Roy Black unter Gerhard Höllerich suchen? Was soll diese unsinnige Bearbeitung? Bitte rückgängig machen. Vier Tage später, kh80: Da die Verschiebung nicht näher begründet wurde, war ich so frei und habe die Seite zurückverschoben. Beste Grüße. Zwei Jahre später, eine Marburger IP-Adresse, in Großbuchstaben: Wieso? Ist doch ok, dass man seinen realen bürgerlichen Namen kannte, er war Roma aus Mazedonien und muslimischen Glaubens, dazu beschnitten als Junge, und?

Es ist nicht unwahrscheinlich, dass es sich bei den allermeisten dieser Kommentatoren um Männer handelt, es ist außerdem nicht unwahrscheinlich, dass sich unter all den Kommentatoren, die als Männer auftreten, einige Frauen befinden. Frauen werden in der Wikipedia zwar nicht ausgeschlossen, sind aber doch deutlich unterrepräsentiert; sie verbergen sich oft hinter geschlechtsneutralen Pseudonymen, die ihre Glaubwürdigkeit tragischerweise tatsächlich stärken, denn es gibt in dieser so durchsichtigen, wässrigen Enzyklopädie kein Korrektiv, das sich dem undurchlässigen, männlichen Herrschaftsanspruch entgegenstellen könnte.

***

Thatcherism before Thatcher, Kafka und seine Vorläufer, List of terms related to an average person, Boltzmann brain, Vogelhalterlunge, Quadratestadt, List of lists of lists. Heiner Müller zitiert Flaubert: Ich habe immer versucht, in einem Elfenbeinturm zu leben, aber ein Meer von Scheiße schwappt an seine Mauern. Seine Resignation im Angesicht einer Revolution, die nicht die seine ist. Die Sprachlosigkeit, die das Ende eines Systems besiegelt, das Schmirgelpapier war für zivilisationskranke Hufe oder vielleicht der eigene Kot, den Nager fressen, um Lebensnotwendiges aufzunehmen, das sie nirgends anders bekommen.

Alexander Kluge, wenn er sagt: Das Lebewesen Ruhrgebiet erstreckt sich über drei bis fünf Generationen. Das Ruhrgebiet ist ein lebendiger Vorgang, [...] der sich weit unterhalb der Individuen aus kleinen Verhaltensänderungen – aus einer polnischen Familie wird irgendwann eine westfälische – und auch weit oberhalb der Individuen aus Lebensläufen entwickelt. Kann man das so sagen?

Vor zehn Jahren, Mroulias: I know that according to a book the troops that invaded Smyrna and were to blame for the destruction of the city were Kurdish. Kemal Ataturk had promised them (for once more in their history) an independent state if only they would back him up with military to win the Greco-Turkish war. Obviously Ataturk couldn't control them and the unleashed Kurdish fury resulted in the total destruction of Smyrna, which marked the end of a 2000 year continuous Greek presence in Asia minor. Sofort, DenizTC: Name of the book, author, edition, page?

Die Wirklichkeit ist vor allen Dingen: eine Annahme. Sie ist etwas, das man für etwas hält. Eine Variable für besseres Wissen, nicht wider.

***

Es ist der zweite Weihnachtsfeiertag, wir debattieren Demographie. Ich lese von meinem Telefon ab: In Ceaușescus Rumänien waren alle Verhütungsmittel verboten, auf Abtreibungen standen drakonische Strafen, dem Vaterland sollten Arbeiter zugeführt werden, die Bevölkerung explodierte, die Kinderheime quollen über, es gab nicht genug zu essen für alle. Meine Mutter sagt: In Albanien bekam man nur dann Kondome, wenn man verheiratet war und unter einer unheilbaren Erbkrankheit litt, auf Rezept, und die albanische Bevölkerung sei trotzdem nicht explodiert. Das deckt sich mit meiner Beobachtung, dass niemand aus der Generation meiner Eltern, aus den Städten, mehr als zwei Geschwister hat, das deckt sich mit meiner kürzlichen Lektüre einer amerikanischen Studie, die zu dem Ergebnis kommt, dass Rausziehen in Sachen Schwangerschaftsverhütung effektiver sei als bisher angenommen.

Ich erinnere: mich, sechsjährig, wie ich in der Schule zum ersten Mal die Geschichte vom Storch höre. Meine Eltern hatten mir erzählt, sie seien im Babykaufhaus gewesen und hätten das schönste und beste Baby, mich also, ausgesucht.

Ich google, ich finde heraus: Albanien hatte vor 1990 das höchste Bevölkerungswachstum Europas, noch vor Rumänien. Ich habe das Gefühl: Das Verhältnis zwischen Gefühl und Wahrheit ist keiner weiteren Rede wert.

Rausziehen funktioniert selbstverständlich nur da, wo zwei sich einig sind, dass rausgezogen wird, wenn eine Frau als Mensch gilt und nicht als vorverurteilte Gebärerin künftiger Söhne. Meine pathologische Furcht vor dem Landleben sickert in alle Folgeerklärungen. Ich denke an *Fegefeuer in Ingolstadt*, an *Jagdszenen in Niederbayern*. Albanien heute: Nur in China und Aserbaidschan gibt es mehr geschlechtsspezifische Abtreibungen. Auf 112 Jungen kommen 100 Mädchen.

Vaçe Zelas Stimme, wenn sie singt: Hinaus Mutter, benachrichtige die Hochzeitsgesellschaft, denn ich werde Partisanin! Mach mich nicht zur Braut der Gewohnheit, ich nehm ein Gewehr, ich geh hinaus in die Berge! Worin liegt die Bedeutung eines solchen Liedes in einem solchen vergangenen Staat? Worin liegt die Bedeutung solcher Fragen, deren Beantwortung bloß Folgefragen und Resignation mit sich zieht, mit sich schleift, vor sich her schleift wie Untergänge.

***

Ebenerdig, gegenüber des noch immer, oder wieder, oder wieder und noch immer leer stehenden Kiosks, liegt auf der Dortmunder Mallinckrodtstraße, zwischen Fahrbahn und Bürgersteig, mit einer eisernen Kette umgrenzt und neben einem jungen Bäumchen, der Gedenkstein zu Ehren des ermordeten Mehmet Kubaşık. Wenn man die Augen zusammenkneift, den Oberkörper nach unten beugt, wenn man ganz nah, aber doch nicht absurd nah, wenn man so nah rangeht wie jemand, der entziffern möchte, was auf einem Gedenkstein steht, dann kommt man nicht umhin festzustellen, dass der Name des Ermordeten zunächst ein anderer war, dass da zunächst Kubasik gestanden haben muss, dass da jemand, ein Steinmetz vermutlich, den i-Punkt weggefeilt haben muss und sehr, sehr vorsichtig einen Haken an das s gesetzt, und wenn man sich das also anguckt, wenn ich mir das also angucke, letztes Jahr im Sommer – ich muss davor tausend Mal an dieser Stelle vorbeigegangen sein und hätte sie zum wiederholten Male übersehen, wenn Pascal mich nicht darauf aufmerksam gemacht hätte; es handelt sich um ein verdächtig unaufdringliches Denkmal, Stichwort Stolperstein –, und wie ich mir also das Denkmal für den Ermordeten besehe, der Vater war und Sohn, Bruder und Freund – die Tat zu Lasten Kubaşık, sagt die Anwältin der Nebenklage, und meint natürlich auch: zu Lasten meiner Mandanten –, da frage ich mich, wie es möglich ist, dass bei Auftreten dieses Fehlers nicht umgehend eine neue Tafel in Auftrag gegeben wurde, wie es möglich ist, dass ich mich hier bedächtig, in mich hineinhorchend, trauernd, über einen Stein beuge, dessen Inschrift so nachlässig korrigiert wurde, wie ein Klecks im Schulheft mit Tintenkiller ausgelöscht wird. Ein Fehler, wie er in der Wikipedia innerhalb von Tagen, Wochen behoben worden wäre, obwohl man ihn dort am ehesten erwarten würde, während er tatsächlich hier, in der sogenannten realen, haptischen Welt lauert, sichtbar, spürbar, wenn man mit den Fingerkuppen über das Relief der Buchstaben streicht.

Noch einmal: Worin liegt die Bedeutung solcher Fragen, deren Beantwortung bloß Folgefragen und Resignation mit sich zieht, mit sich schleift, vor sich her schleift wie Untergänge?

Ich erinnere: mich und meinen ersten Freund, wie wir uns stritten, genauer gesagt war ich es, die stritt, er blieb, was er immer war, ruhig. Mein Freund leugnete, zwar besonnen, aber mit einem Nachdruck, den ich selten an ihm erlebte, dass es ein Problem sei, dass ich dauernd auf meinen Namen angesprochen wurde, in den ersten Jahren in der Stadt beinahe täglich, von pseudoprogressiven, aus dem national befreiten Ostwestfalen ins national befreite Leipzig ausgewanderten Studenten.

Auch diese Frage ist ein Code, sie steht für: Wo kommst du her, nein, eigentlich, wo kommst du eigentlich her, sie ist ein Code für gebildete Leute, die jene noch Unbedarfteren, die diese Frage ganz rundheraus stellen, öffentlich verachten, sich aber doch dieselbe Frage stellen – so weit, so gewöhnlich – und darüber hinaus, und das ist der springende Punkt, nicht ruhen können, ehe sie beantwortet ist.

Mein Freund wandte ein, dass auch er häufig auf seinen bayrischen Vornamen angesprochen werde. Dass weder er noch seine Freunde noch irgendeiner meiner Freunde mich je nach der Etymologie des meinen gefragt hatten, dass es da also doch einen Unterschied gibt zwischen Menschen, die keine fünfzehn Minuten aushalten, bis das Gespräch ihre Frage möglicherweise von selbst beantwortet, und solchen, die ihr persönliches Interesse für relevanter als jede Grundhöflichkeit halten – dass es da also doch Menschen gibt, die ganz intuitiv, ohne besondere politische Bildung, spüren, dass es keinen Grund gibt, jemanden in den ersten fünf Gesprächsminuten so performativ zum Ausländer zu machen, ließ er nicht gelten, er vermutete in jedem Menschen einen Onomastiker.

Was bist du für ein Landsmann, kann man fragen, oder: Was bist du für eine Landsmännin. Wo kommst du her, wo kommst du eigentlich her, wo kommen deine Eltern her, wo bist du geboren, wo kommt dein Name her. Und die Folgefragen: Wann sind deine Eltern nach Deutschland gekommen, wie sind deine Eltern nach Deutschland gekommen, wovor sind sie geflohen, hast du einen deutschen Pass, haben sie einen deutschen Pass, wie lange schon hast du, haben sie einen deutschen Pass.

Niemand fragt: Liebst du deinen deutschen Pass, was schade ist; auch wenn sich einige sicher fragen, wie es um die Deutschlandliebe steht, fragt keiner nach der Passliebe, was wirklich schade ist, denn, ja, ich liebe meinen deutschen Pass, ich liebe es, wenn ich nach dem Albanienurlaub wieder in Düsseldorf lande und der Grenzpolizist sagt: Willkommen zurück, und ich denke: Lügner, und ich denke: Wie schön, hallo Kumpel. Ich liebe es, an Urlaubsflughäfen zu stehen und nachlässig durchgewunken zu werden. Ich liebe es, wenn der britische Beamte fragt: Where are you flying from?, und ich sage: Leipzig, und er fragt nicht: Wo bleibst du, wie lange bleibst du, mit wem bleibst du, warum kommst du, er sagt: Have a good trip, weil diese Fiktion, die wir weiß-sein nennen, plötzlich reicht, wenn man einen deutschen Pass hat, weil ich mittlerweile auch im Inland – mit jedem syrischen und afghanischen und eritreischen Flüchtling, der unsre süße Scholle platttritt, mehr – teilhaben kann an dieser Fiktion, die wir weiß-sein nennen, weil meine Freiheit zwar ohne den Einsatz meiner Eltern und ihrer Unterstützer, der guten Leute, die 1998 die SPD wählten, nicht wäre; weil meine Freiheit aber eben auch und besonders und eigentlich ohne die Weniger-und-Nicht-Weißen, auf deren geschundenen Rücken mein in Deutschland bis dato immer defizitäres Weißes sich nun profiliert, nie möglich gewesen wäre.

Die Figur des Kanaken ist flexibel wie eine Peitsche; ihr Zweck bleibt bestehen, sie biegt sich und bricht nie, und die Schatten vergangener Kanakenfiguren leben im schmalen Peitschenschatten weiter, sie können – das werde ich nie vergessen – jederzeit aus dem vermeintlich Hellen ins sogenannte Dunkle zurückgeholt werden.

Ich liebe es, nie wieder die Ausländerbehörde betreten zu müssen, ich liebe es, wählen zu gehen, ich liebe es, Steuern zu zahlen, ich liebe es, die Nationalität auf Formularen anzukreuzen, ich liebe es zu sagen: I'm from Germany, außer in Israel, da liebte ich es, but my parents are from Albania zu sagen, »but«, nicht »and«. Ganz egal wie viele Individualtouristen pauschal behaupten, in Tel Aviv fänden alle Deutschland ganz toll, Berlin, Berghain, bombe: Dieser Einschub änderte alles zum Besseren. Shout-out an dasjenige männliche Mitglied der deutschen Touristengruppe, das in Yad Vashem den Museumsführer fragte, wie die Öfen denn nun eigentlich funktioniert hätten, also, rein technisch, und an den Museumsführer, der ohne mit der Wimper zu zucken entgegnete, damit habe er sich nicht beschäftigt, ganz so, als gebe er diese ungerührte Antwort nicht zum ersten Mal.

Viele Deutsche können oder wollen sich nicht vorstellen, dass Juden unter ihnen sind, weder als ordinäre Ausländer noch als verbrieft Einheimische. Dieser Fantasielosigkeit liegt die Annahme zugrunde, alle seien tot, und wen man nicht ermordet habe – ein düsteres »man«, weder personal noch gegenwärtig und trotz alledem die Drohgebärde noch enthaltend, wen man also nicht ermordet habe, der befinde sich in Israel (wohin sich auch wider Erwarten Lebendige bei Klagen gern zurückziehen könnten) oder in den USA. Sie ist mit der bequemen Vorstellung verwandt, es gebe keine deutschen Sinti und Roma mehr, nur sprachlose, unzivilisierte vom Balkan, vom anderen, wilden Ende der Welt also, die »in unsere Sozialsysteme einwandern«. Ihr Codename lautet *Rumänen und Bulgaren*, zum Leidwesen aller rassistischen weißen solchen.

Der flächendeckende polizeiliche Schutz von Synagogen, jüdischen Einrichtungen und Würdenträgern wurde in der alten BRD eingeführt, nachdem Pläne der »Revolutionären Zellen«, Heinz Galinski zu ermorden, öffentlich wurden. Noch erinnert man, noch bilden Teile dessen, was wir Geschichte nennen, jene Wirklichkeiten ab, die stattfanden, die immer schon ausstrahlten, von der sogenannten Mitte her.

***

To claim somebody, jemanden beanspruchen, jemanden als den Seinen in Anspruch nehmen, jemanden als den Seinen erkennen, jemanden als den Seinen beanspruchen.

Auf den Diskussionsseiten lese ich: Migjeni war ein albanischer Dichter, er hatte möglicherweise slawische Wurzeln, er überwand einen kulturellen Graben, Migjeni only spoke Albanian as his mother tongue, he spoke only Serbo-Croatian at home, he did not know Albanian well, his texts swarm with spelling mistakes, and his syntax is far from being typically Albanian, he did not publish a single book in his lifetime, he paved the way for modern literature in Albania, unbestritten ist, dass er sein Werk auf Albanisch verfasste.

Auf den Diskussionsseiten lese ich: Franz Kafka war ein deutschsprachiger Schriftsteller, er gehörte der jüdischen Minderheit an, er sagte: Ich habe niemals unter deutschem Volk gelebt, im amtlichen Schriftverkehr in tschechischer Sprache verwandte er die tschechische Namensform František Kafka, er sagte: Deutsch ist meine Muttersprache, aber das Tschechische geht mir zu Herzen, Kafka was a German-speaking Bohemian Jewish novelist and short story writer, in der deutschen Wikipedia gibt es einen Unterpunkt *Zur Frage der Nationalität*, der in der englischen fehlt, ohne dass ein Mangel entstünde.

Auf den Diskussionsseiten lese ich: Wozu eigentlich überhaupt gleich im Einleitungssatz irgendwas von seiner Abstammung? Es steht doch bei anderen Spielern auch nichts über Oma und Opa drin, Özil ist ein deutscher Fußballspieler und Punkt, ich würde schon in den Einleitungssatz türkischer Abstammung hinschreiben, der Herr heißt Mesut Özil, was – in meiner langjährigen Erfahrung als deutscher Mitbürger nicht wirklich »deutsch« klingt, da kann man schon klarstellen, woher der Name kommt, bei Mehmet Scholl steht auch nichts davon, Scholl besaß schon immer die deutsche Staatsbürgerschaft und hatte eine deutsche Mutter. Ich denke: in Hannelore Kohl ist Milch drin.

Auf den Diskussionsseiten lese ich: Elias Canetti war ein Schriftsteller und Aphoristiker deutscher Sprache, Canetti was a German-language author, he wrote in German, thus he was a German writer, euren Artikel will ich nicht verändern, aber zumindest auf der Diskussionsseite sollte es stehen, Canetti war kulturell Österreicher, oder besser gesagt Wiener, mag er auch in Russe geboren sein, Zeit in England und der Schweiz verbracht haben, kulturell war er ein Alt-Österreicher, er blieb noch nach der bulgarischen Unabhängigkeit Bürger des Osmanischen Reiches, nach dessen Zusammenbruch ist er staatenlos, 1952 erwirbt er die britische Staatsbürgerschaft.

Auf den Diskussionseiten lese ich: wie kommt es, dass herr kermani als bekennender muslim die laudatio zum 65-jährigen bestehen des grundgesetzes hält? »Niemand darf wegen seines Glaubens, seiner religiösen oder politischen Anschauungen benachteiligt oder bevorzugt werden«, sagt unsere verfassung, wohingegen der koran eine fortdauernde hass-, hetz- und drohpredigt gegen »ungläubige« ist, die genozidär zu »vernichten« er als göttliches tun hinstellt (27:51, 44:37), Spekulationen darüber, dass Kermani keine kritische Distanz zu seinem Gegenstand haben könne sind unangebracht, *hier* zählen nur Gedanken zur Gestaltung des Artikels, es geht um die Einhaltung der Konventionen für Diskussionsseiten, würdest du im »3. reich« juden vergast haben, weil das zur konvention gehörte? wir müssen uns fragen: warum tendiert man in dtl. dazu, das glaubensbekenntnis von menschen nicht in den vordergrund zu stellen? und: ist das immer noch sinnvoll? wir deutsche haben diese neigung, vor dem hintergrund unserer geschichte und damit des grundgesetzes. es soll eben nicht mehr gefragt werden, ob jemand jude ist; alle sollen gleich sein vor dem gesetz. schön; an sich; aber damit machen wir uns u. u. auch blind.

Auf den Diskussionsseiten lese ich: Es ist völlig irrelevant ob er Serbe war oder nicht, Ivo Andrić verfasste seine Stücke in serbischer Sprache und war Mitglied der Serbisch-königlichen Akademie, somit ist er ein [in Großbuchstaben] serbischer Schriftsteller, unabhängig von seiner Religion und Herkunft; Asamoah ist auch nicht deutschen Ursprungs, aber als Mitglied im DFB ist er deutscher Fussballspieler und nicht kongolesischer oder was auch immer.

Auf den Diskussionsseiten lese ich: Albert Einstein gilt als einer der bedeutendsten Physiker der Wissenschaftsgeschichte, er besaß erst die württembergische, dann keine, dann bis zu seinem Tode die schweizerische Staatsbürgerschaft, Einstein was a German-born theoretical physicist, Einstein war ein deutscher Physiker, nirgendwo sonst in der Welt wird das bestritten, außer in der deutschen Wikipedia, es ist eine Schande und eine an Lächerlichkeit kaum zu überbietende, linksradikale Geschichtsklitterung, dass er nicht einmal als deutscher Physiker aufgeführt wird! Deutsche gibt es eben nicht nur als deutsche Staatsbürger, sondern auch als Angehörige des deutschen Volkes, was auch im Grundgesetz Art. 116 festgestellt wird, Einstein schreibt: Nachdem die Deutschen meine jüdischen Brüder in Europa hingemordet haben, will ich nichts mehr mit Deutschen zu tun haben, auch nichts mit einer relativ harmlosen Akademie, Einstein schreibt: Wenn ich mit der Relativitätstheorie recht behalte, werden die Deutschen sagen, ich sei Deutscher, und die Franzosen, ich sei Weltbürger; erweist sich meine Theorie als falsch, werden die Franzosen sagen, ich sei Deutscher, und die Deutschen, ich sei Jude, he dodged military service and fled to Switzerland, not something a German would do, he was German, plain and simple; the only people who don't qualify him as German seem to be people like Hitler; do you like Hitler? I know I don't.

In der Enzyklopädie lese ich: Adolf Hitler war von 1933 bis 1945 Diktator des Deutschen Reichs.

In der Enzyklopädie, auf den Diskussionsseiten lese ich: Antonio Gramsci dachte aufgrund eines irrigen Stammbaums, sein albanischsprachiger Urgroßvater sei 1821 aus dem Epirus geflüchtet, tatsächlich waren seine Vorfahren in einer frühen Flüchtlingswelle albanischer Christen ins Königreich Neapel gekommen, sein Urgroßvater Nicola Gramsci ist im 18. Jahrhundert als Grundbesitzer in Kalabrien belegt, Gramsci is best known for his theory of cultural hegemony, which describes how the state and ruling capitalist class use cultural institutions to maintain power; the bourgeoisie, in Gramsci's view, develops a hegemonic culture using ideology rather than violence, economic force, or coercion; this cultural hegemony is produced and reproduced by the dominant class through the institutions that form the superstructure, Archbishop Luigi De Magistris revealed this week that the founder of the Italian Communist Party, Antonio Gramsci, returned to the Catholic faith of his childhood and received the sacraments before dying, sup man, can i please start editing some stuff on Antonio Gramsci because i'm sorry to say this but the vast majority of the information that you have is fucking wank, was he Jewish, he certainly looks it.

Die entfernte Abstammung als nähere, eigenere, als exotisch imaginierte. Ich denke: an eine Nähe zum wilden Osten, in einer italienischen Zelle erträumt, ich denke: an jene protestantische Klassenkameradin, die mich bekehren wollte, die sich – anders als ihr Vater, der, mit Schmiss im Gesicht, auf der hugenottischen Familienherkunft bestand –, die sich sicher war, ihre Urgroßmutter sei jüdischer Herkunft gewesen, die sich sicher war, den Heiland anzuerkennen, könne mir nur nützen, die da zugegebenermaßen noch Jugendliche war, ein Mädchen wie ich.

Die Fragen der Nationalität, im Rückblick. Das leidige Wort von der Definitionsmacht, die man auch Deutungshoheit nennen kann. Superstructure, der Überbau, die Kuppel, die alle Kuppeln in sich aufnimmt, die alles verschlingende Sphäre, die durch den Horizont entzweigebrochen wird.

***

Die Frage nach dem Namen begleitet mich auch heute, und in ihr enthalten: die Frage nach der eigentlichen Herkunft. Dem Eigentlichen überhaupt.

In den Notizbüchern meiner Jugend die normalen Teenagerfragen: Wie kann man Ausländer sein im Land der eigenen Geburt, wo bleibt jene Beiläufigkeit, die eine zufällige Nähe zu einem Land, einer Sprache, einem Erzählraum ausdrücken könnte? Wie lässt es sich umschiffen, verwalten oder attackieren, das Bekenntnis zu einer Nation, einem Volk, das ich nicht geben kann und will, für das es von Anfang an zu spät gewesen sein dürfte, zum Glück. Was ist ein Volk? Der Wunsch, vielfach sein zu dürfen, sowohl als auch, etwas genauso wie das andere, wahr. Mit heutigem Blick die naheliegende Erkenntnis, dass es keinen Zweck hat, das Ich an solchen Kategorien festzumachen, distanziertes Schauen auf die verblassende Bedeutung all dessen.

In London, zehn Jahre später: ein Gespräch mit meinem Mitbewohner, Sohn zweier Finnen und finnischer Staatsbürger, geboren in Belgien, aufgewachsen in Frankreich, der gerade von seinem Ersatzdienst in Helsinki zurückgekehrt war, nachdem er das Problem der Wehrpflicht als Student um einige Jahre hatte aufschieben können. Er hatte nie mehr als eine Sommerferienlänge im Land seiner Ahnen verbracht. Hast du dich nie in Frankreich einbürgern lassen?, fragte ich, und er: Warum hätte ich das tun sollen, there is really no passport better than the Finnish one, a politically neutral, comprehensive, intact social state, visafrei fast überallhin. Mir waren die Äuglein geöffnet. Vermutlich hätte ich es genauso gemacht wie er.

Selbstverständlich ist es auch möglich, zwei Staatsbürgerschaften zu besitzen, zu halten, wie es auf Englisch heißt, ohne dass die eine die andere kompromittiert, wenn sie nur beide den gleichen Wert haben. Es ist wie mit zwei Ufern eines Flusses, und die Qualität der Staatsbürgerschaft entscheidet darüber, ob der Wechsel des Passes mit einem Uferwechsel einhergeht. Mein Mitbewohner betrachtete sich nicht als Franzose, und es lag ihm auch nichts daran. Auf Nachfrage bestätigte er, dass er vor allem auf Französisch träume. Oder, wie es bei Abdi heißt: Auf die Frage, ob ich Deutscher bin / kann ich nur sagen, dass ich in jedem Falle gerne in Deutschland bin. Wo auch sonst?

Die Fragen sind die gleichen geblieben, doch als ich den Fluss überquerte, fiel ihre Dringlichkeit von mir ab.

Es sind nicht länger meine Fragen, höchstens philosophische, gesellschaftspolitische, noch immer ungelöste. Ich entferne mich von ihnen, überlasse ihre Lösung anderen, als handelte es sich um den Welthunger oder das Steigen der Meeresspiegel.

***

I'm not a girl, not yet a woman. Don't tell me what to believe? All I need is time, a moment that is mine.

***

Ich liebe weißen Toast, und kaufe ihn nie, weil ich nicht mit der Freiheit umgehen kann, einen Laib weichen weißen Brots im Haus zu haben. Wenn die Sonne untergeht, wird er verschlungen sein, ich werde ihn mir, weich, weiß und ungeröstet, einverleibt haben. Wenn ich eine Scheibe esse, passiert etwas Unbegreifliches. Ein metaphorischer Schalter in meinem Hirn wird umgelegt, es geht nicht mehr um das Stillen des Hungers, sondern um ein anderes, ein größeres und unverständlicheres Bedürfnis, um ein Verlangen der Seele, eine Befriedigung, als könnte ich endlich, endlich einen unerklärlichen Juckreiz lindern, eine große Freude, in der schon das Wissen um die völlige Sinnlosigkeit bis hin zur Schädlichkeit des nun nicht mehr abzubrechenden Unterfangens liegt – und darin ähnelt mein Verhältnis zum Toastbrot meinem Verhältnis zur Wikipedia, zu

Enzyklopädien überhaupt, derer sie ja bloß die zugänglichste ist.

***

Die Sehnsucht nach Allmende und Weite, Größe und Nähe setzt die Bezichtigung des jetzigen Zustands als defizitär voraus, und die Äußerung dieser Sehnsucht kann, muss dort, wo man keine Dissidenz ohne Auslöschung, ohne totale Reaktion kennt, selbstverständlich als Widerstand gedeutet werden.

Ich erinnere: den nationalistischen Schlager *O moj e bukur Arbëri*, ein Emigrantenlied, das von der Sehnsucht nach der wunderbaren Heimat handelt, bloß dass es zur damaligen albanischen Stunde keine Emigranten gab, mit denen man hätte fühlen dürfen, die Heimat mit ihren nur in eine Richtung offenen Türen war ja das sozialistische Paradies. Mittendrin die Stelle: Die Meereswellen schäumen voll Gischt, mit unsren Freunden sind wir ans Ufer gegangen. So viel Sehnsucht wir haben, hat das Meer Wellen nicht. Welche, wessen Sehnsucht, wann, wohin?

***

In den Fernsehsendungen des Sternekochs Nelson Müller existieren sie simultan: Vergangenheit, Gegenwart und Zukunft, diese drei, gleichzeitiger, unverzögerter als je in meinen verschollenen Notizen. Müller, so lese ich in einer Lokalzeitung, als Kind mit seinen Eltern aus Ghana in dieses Vaterland gekommen, verbrachte seine ersten drei deutschen Jahre bei einer schwäbischen Pflegefamilie; als ihn die leiblichen Eltern dann wieder zu sich holen wollten, wollte er, das Kind, nicht mehr. Die leiblichen Eltern, zu denen er noch immer Kontakt hält, zogen weiter nach England, Nelson wurde Koch, übernahm ein Restaurant in Essen, das inzwischen über einen Michelin-Stern verfügt, und ließ sich als Erwachsener von seinen sogenannten Pflegeeltern adoptieren, wurde also das, was er schon lange war, ein Müller.

In seinen Sendungen testet er Käse, Speiseeis, Kaffee. Er besucht Fabriken und Großküchen, kocht einen Big Mac nach, lässt Passanten in Markthallen und Fußgängerzonen Blindverkostungen vornehmen und trifft sich immer wieder, davor und danach, mit seinen Freunden in der »heimischen« Küche, um zu besprechen, was ihnen wirklich wichtig ist in Sachen Genuss und Vorteilspackungen. Die Clique kommt direkt aus dem Diversity-Bilderbuch: Alte, Junge, Frauen, Männer, karierte Kurzarmhemden, Tattoos, Schwarze, Weiße, Türken, undefinierbare Maybe-Ausländer, sie alle werden vereint durch die Liebe zu Produkten und Verbraucherinformation.

Nach einem langen Tag gibt es nichts Heilsameres als diese Friends. Viele Monate habe ich angenommen, sie müssten vollständig zusammengecastet sein, die Show so fake, wie es nur sein kann, wie es jede gute Kunst nun einmal ist. Doch genau wie damals, als ich bei Bolaño auf Carlfriedrich Claus stieß, brach die Grenze zwischen Fiction und Non-Fiction zusammen, als ich im Kreis der Clique eine Bekannte von mir entdeckte, die in der Süd-Essener Gastronomie arbeitet wie Müller selbst. Mir lief ein Schauer über den Rücken, das Echte und das Unechte gingen ineinander über, oder anders gesagt: In einem gleichmäßigen, aber dünnen Rinnsal rann das Echte in das Unechte hinein wie Öl in gequirltes Eigelb, und ebenso wie diese beiden ihre Form verändern und etwas anderes, Drittes werden, Mayonnaise werden, entstand aus dem Echten und dem Unechten in jenem Moment etwas, das ich nicht erklären konnte, das mir gut gefiel.

In Müllers Sendungen findet das frühe 21. Jahrhundert eine seiner raren Dauerformen. Wenn er kocht, wenn er verbraucht, wenn er informiert, erscheinen Gestern, Heute und Morgen gemeinsam. Das gute Deutschland wiegt mich in den Schlaf wie jedes Märchen, Echo erzählt Hera die wildesten Storys, damit Zeus ungestört rumficken kann, Hera beraubt Echo der Sprache und lässt ihr nur die Fähigkeit, das Letztgesagte zu wiederholen, Hera, deren Wut sich nie gegen den Täter selbst richtet, Hera, die Terroristin. Narziss, wie er an seinem tonlosen Spiegelbild verzweifelt. Meine Großmutter, wie sie sagt, nachts in einen Spiegel blicken heißt den Wahnsinn zulassen.

Ich erinnere: Müller, wie er in der Gelsenkirchener Fußgängerzone Billigbäckerketten vergleicht. Wo sonst ginge das, wenn nicht am Standort des weltgrößten

Tedi, in jener Stadt, die im großen ZDF-Deutschland-Check Platz 401 von 401 Plätzen belegt. Müller testet Kaffee, Wurstbrötchen, Brezen, er testet und testet, und ich sitze im Plagwitzer Freiberuflerghetto und krieg so viel Sehnsucht, wie das Meer Wellen hat.

Der Wahnwitz, als er in einer der ungewöhnlicheren Episoden – es werden Affordable-Luxury-Produkte wie vorgeschnittene Südfrüchte, Lachsfilet und Olivenöl getestet – nach Ghana, ins Land seiner Geburt reist, wo er eine von einem weißen Deutschen geführte Fabrik besichtigt, in der reife Ananas und Kokosnüsse in mundgerechte Stücke geschnitten und verpackt werden, bevor sie am selben Abend nach Deutschland geflogen und in die verschiedenen Edekas des Landes geliefert werden. Ich erinnere: Müller, wie er sich, in eine grelle Hygiene-Kluft gewandet, von einem ghanaischen Arbeiter den Umgang mit der Machete erklären lässt, wie er versucht, die Klinge auf die Kokosnuss hinabsausen zu lassen und sich dann doch nicht so recht traut, ich erinnere: den weißen Fabrikanten, wie er daneben steht und väterlich lächelt.

Was denkt Nelson Müller in diesem Moment? Was denkt der Arbeiter, dessen Namen wir nicht kennen? Es tut sich eine ganze Fensterfront zum Wahnsinn auf, der auch in Gestalt eines unerklärlichen Erkennens auftreten kann, eine ganze, gläserne Galerie verschwindet wie die Trennwand zwischen der Schlange und den Zoobesuchern am Anfang von *Harry Potter und der Stein der Weisen*; die eihautzarte Trennwand zwischen *hier* und *dort* zerbirst lautlos wie eine Fruchtblase, ich purzle.

Kurz bevor ich nach Großbritannien zog, übermannte mich eine Frage. War es möglich, unter der Insel hindurchzutauchen, oder anders gefragt: Schwamm die Insel selbst? War Australien eine Insel in diesem möglichen Sinn?

Es waren, natürlich, unberechtigte Überlegungen, man kann nicht unter Britannien hindurchschwimmen, Inseln selbst schwimmen nicht, Australien ist eine Insel, nicht einmal Australien schwimmt und weiß obendrein zu verhindern, dass Menschen es schwimmend erreichen. Inseln sind Plateaus. Sie sind die abgestumpften ehemaligen Spitzen von Bergen, deren Sockel am Meeresgrund liegen.

Es gibt, auch das ist eine gelogene – also keine – Wahrheit über den Meeresgrund, es gibt eine Stelle im Ozean, da lebt so wenig, die ist so weit entfernt von allem, dass kaum Sedimente auf den Boden hinabsinken, dort unten findet man keine Erdkruste vor, sondern das bloße, schimmernde Olivin des Erdmantels.

Inseln sind Plateaus, Inseln sind Konsequenzen, Inseln sind auf unterseeische Gebirgskämme zurückzuführen, die wiederum Teil der Erdkruste sind, die wiederum tatsächlich schwimmt. Die Erdkruste schwimmt auf dem Erdmantel, ihre niedrige Dichte auf seiner höheren, und wir im Ozean schwimmen auf Schwimmendem.

***

Volker Braun schreibt: Da bin ich noch: mein Land geht in den Westen. / KRIEG DEN HÜTTEN FRIEDE DEN PALÄSTEN. / Ich selber habe ihm den Tritt versetzt. / Es wirft sich weg und seine magre Zierde. / Dem Winter folgt der Sommer der Begierde. Britney Spears announced she no longer studied Kabbalah in June 2006, explaining: My baby is my religion.

***

Marcels Großmutter ist bewaffnet, seit Jahren schon, es scheint sich, so sagt er, bei der Waffe – einer Pistole, ob sie einen Waffenschein hat, kann er nicht beantworten, woher sie die Pistole hat, auch nicht –, es scheint sich um kein Objekt der Selbstverteidigung zu handeln, Marcels Großmutter hat keine Angst, außer vor dem Vergessen, vor dem Ende des Wissens, vor dem Ende des Bewusstseins, das ein unterstelltes Ende ist, und dafür ist die Waffe da.

***

Ich erinnere: den Sturz des Kölner Stadtarchivs in eine Baugrube, die zwei jungen Männer im Nachbarhaus, die vermutlich schlafend starben, wenn das überhaupt möglich ist, die Bauarbeiter, die aus der Grube flüchteten, Warnungen schreiend, die Besucher des Archivs, das unterging wie der verlorene Kontinent und doch geborgen wurde, die Besucher, die im letzten Augenblick, Minuten, Sekunden – das stelle ich mir zumindest vor – bevor das Gebäude einstürzte, den Lesesaal verließen, schläfrigen Blickes und alarmiert, gerade noch über Bücher und Dokumente gebeugt, nun schon mit den harten Fakten der physischen Welt, der man jederzeit zum Opfer fallen kann, konfrontiert. Die Bergungsarbeiten, die Errichtung von Asylarchiven, das verpixelte Foto eines Feuerwehrmanns, der das soeben gerettete *Schreinsbuch 505* in den Händen und in die Kamera hält. Eine dunkle Kammer hatte sich unter dem Gebäude gebildet, das Grundwasser hatte Sand und Kies weggewaschen, ein Hohlraum entstand, dies war der Hohlraum, in den das Gebäude stürzte. 90 bis 95 Prozent des Archivbestands wurden gerettet; trotz nachgewiesener Unregelmäßigkeiten während der Bauarbeiten, wie des Bauens von neunzehn illegalen Brunnen zur Grundwasserkontrolle, ist niemand wegen fahrlässiger Tötung verurteilt worden.

***

Das Internet Archive ist eine gemeinnützige Organisation, die sich die Langzeitarchivierung digitaler Daten in frei zugänglicher Form zur Aufgabe gemacht hat: mit der Wayback Machine ältere Schichten des Internets freilegen, in die dunkle Kammer hinabsteigen wie ein Polizeitaucher auf der Suche nach einem illegalen Leck oder einem Goldschatz, mietenweise Wissen bergen, staunen.

Ein linker Demospruch lautet: Solidarität muss praktisch werden, Feuer und Flamme den Abschiebebehörden; und eine erstaunlich lange Zeit war es wirklich so, dass die offiziell festgehaltene Migrationsgeschichte eines Menschen, genau wie seine Steuergeschichte, mit einem einzigen Akt der Brandstiftung hätte unwiderruflich ausgelöscht werden können; noch bei unserer Einbürgerung türmte sich das Papier, diese Ämter hatten weder Computer noch Mitarbeiterinnen, die willens gewesen wären, sie zu benutzen.

***

Das Bedürfnis, viel zu besitzen, nichts zu verschwenden, Dinge anzuhäufen, ein Bedürfnis, das in seiner unbeherrschten, unorganisierten, gar unhygienischen Form Messietum genannt wird, im Zusammenhang mit Ordnungsliebe und Hygiene vielleicht aber einfach nur zu den gewöhnlichen Haschmichs gezählt werden kann. Nichts wegwerfen, man kann es ja noch brauchen. Nach dem braun lackierten Bettgestell vom Sozialamt auch mal eine Schlafzimmergarnitur wollen, überhaupt Möbel, richtige. Das ist kein Asylantenphänomen, das ist ein Armutsphänomen, das ist der Grund, warum der Gelsenkirchener Barock Gelsenkirchener Barock heißt, weil er in Gelsenkirchen so gut ankam, so populär war. Das Populäre wollen. Sich einem Milieu anpassen.

Zwei brotlose Studiengänge später offenbart sich mir endlich die Freude, die in der stundenlangen ebay-

Kleinanzeigen-Jagd nach skandinavischen oder ostdeutschen Möbeln liegen kann, wird die Anlage zum bürgerlichen Geschmack endlich, endlich freigelegt. Ich erinnere: mich, wie ich geweint habe, als meine Großmutter ihren Sechzigerjahre-Diwan durch eine neue, aber hässliche, dunkelblaue Sofagarnitur mit gelben Akzenten ersetzte. Meine heißen Tränen, vom Ventilator, der im Sommer darauf durch eine Klimaanlage ersetzt wurde, getrocknet. Ein Stück meiner Kindheit: verscherbelt, und an seine Stelle rückte etwas, das, wie ich später feststellen musste, wesentlich unbequemer war.

***

Ich erinnere: die niedersächsische Tiefebene, die Falten wirft, sich hebt und schließlich in die Ausläufer des Teutoburger Waldes übergeht. Pascal klagt, nirgends fände er die Erstausgabe der Autobiographie Albert Speers, solange er auch suche. Wir passieren Bielefeld, Gütersloh, Hamm, wir steigen in Dortmund aus und um in den Hartz-IV-Express, der uns über Mengede, Castrop-Rauxel, Herne und Wanne-Eickel nach Gelsenkirchen bringt.

Nach dem Essen zeigt mein Vater mir seine neuen Regale. Unter den Dachbodenschrägen, über eine Strecke hinweg, die doppelt so lang ist wie die Wohnung, in der ich laufen lernte: Lehrbücher für Deutsch als Fremdsprache, Jules Verne, Stefan Zweig, *Die Welt der Natur-*

geister, Systemadministration II, eine Lateingrammatik, ein Band Découvertes, den ich nie in der Schule abgegeben habe, der Diercke-Weltatlas, Hermann Hesse, Heinrich Heine, Dostojewski, Tolstoi auf Albanisch, Kadare, *Die kleine homöopathische Hausapotheke*, mehr als zehn Witzebücher, Heinrich Böll, Thomas Mann, *Die besten Tricks der großen Zauberer*, Marcel Reich-Ranickis Autobiographie, eine Anthologie über feministisches Theater, *Der Medicus*, die ersten vier Bände des 1998er Brockhaus, der schon mit der Markteinführung von Encarta hinfällig wurde, wer erinnert sich heute noch an Encarta?

Ich greife ein Buch heraus: gelber Rand, rotes Cover, schwarze Schrift. *Albert Speer: Erinnerungen*, Erstausgabe. Germania zwischen zwei Pappdeckeln. Das Archiv enttäuscht nicht.

***

Die Gebrüder Frashëri sind, wenn man so will, so etwas wie die nationalbefreierischen albanischen Gebrüder Grimm. Söhne eines verarmten Geistlichen aus dem Bektashi-Orden, arbeiteten sie in verschiedenen osmanischen Verwaltungspositionen, sowohl in den albanisch besiedelten Gebieten als auch in Istanbul.

Abdyl, der älteste, war eine zentrale Figur der Nationalbewegung Rilindja, sein Sohn Midhat wurde später Mitbegründer des Balli Kombëtar, einer antikommunistischen Bewegung, die erst Widerstand gegen die Faschisten leistete, bevor sie mit ihnen kollaborierte, und starb im New Yorker Exil.

Naim, der mittlere, gilt als wichtigster albanischer Schriftsteller des 19. Jahrhunderts, er arbeitete in der osmanischen Zensurbehörde, ließ aber seine eigenen Bücher in Bukarest drucken, weil es im Osmanischen Reich keine albanischen Druckerzeugnisse geben durfte.

Sami, der jüngste, verfasste ein Manifest zur Gründung eines albanischen Nationalstaats und wird vor allem dafür erinnert, dass er die erste türkischsprachige Enzyklopädie sowie ein französisch-türkisches und ein türkisch-französisches Wörterbuch verfasste. Er schrieb außerdem *Die Liebesgeschichte von Tal'at und Fitnat*, das nach *Akabis Geschichte* des Armeniers Vartan Paşa als zweiter Roman der türkischen Literaturgeschichte gilt. Zu Lebzeiten unveröffentlicht blieben ein albanisches Wörterbuch und eine Sammlung albanischer Volkslieder. Während die Gebeine der älteren Frashëri vor einem Jahrzehnt nach Tirana überstellt wurden, blieben Samius Knochen in Istanbul.

Von den Rändern des Empires aus, von den kolonisierten Flächen und Körpern aus, wurde die Sprache geformt. Es handelte sich um die unfreiwillige – doch nicht unbedingt nur hässliche – Vervielfältigung der Muttersprachen, um Romane und Enzyklopädien, Wörter- und Lehrbücher, die in zweiten, dritten, vierten Sprachen verfasst wurden.

Naim Frashëri, der mit dem Rotstift markiert, was nicht erscheinen darf, der teilnimmt an der Verengung der Welt und dann in den Zug nach Bukarest steigt, um *dort* zu veröffentlichen, was *hier* nicht geht.

Die Frashëris, Vartan Paşa, sie waren Auswanderer und waren doch keine Emigranten, sie verließen ein Bekanntes und doch keinen Staat; der Staat war größer als vieles, was sie sich vorstellen konnten, und doch nicht größer als alles. Die Übernahme eines anderen Glaubens im Westen, früher, ein Völkermord im Osten, später. Sami Frashëri, wie er in einem Istanbuler Mansardenzimmer sitzt und *Les Misérables* übersetzt, weil er das Französische liebt, er hat Frankreich noch nie gesehen, und er wird es auch niemals sehen.

Enver Hoxha, wie er in Montpellier sein Stipendium verpimmelt und keine einzige Klausur ablegt, wie er high life in Paris macht, wie er später Französischlehrer wird und noch später Genosse Enver. Das albanische shok bedeutet sowohl Genosse als auch Freund, shoqe, Genossin, Freundin, shoqëria, die Gesellschaft, Freundinnenschaft.

Worin liegt die Rolle des Wissens, worin die Rolle der Enzyklopädien? Das Empire schreibt sich von seinen Rändern her. Es verleibt sie sich ein und wird von ihnen bis zur Löchrigkeit, die eine Kenntlichkeit ist, zerfressen. Das Gegenteil des Empires ist jene Stadt, deren Gentrifizierung abgeschlossen ist, an deren zerfressenes Zentrum sich eine Peripherie schmiegt, an der das Gute gesucht werden muss, weil man nicht wüsste, wo sonst.

***

Wie alle kosmischen Objekte verfüge auch ich über eine Schwerkraft. Wie alle kosmischen Subjekte verfüge auch ich über eine Anziehungskraft. Sie leitet Gewässer um und spaltet Schädel. Sie bringt Licht. Sie hält dich fest, wenn du willst. Was ist das Verhältnis des Archivs zum Wissen, zum Exil, zur Liebe, zum Totalen. Die Totalaufnahme einer Gegend ist mein dich streifender Blick. Ein Kind kippelt, es ist unruhig, keine Rügen helfen, die Lehrerin beschwert sich bei der Schulleitung, sie erfährt: In Zusammenhang mit dem gewissermaßen noch einmal glimpflich, weil mit Ausnahme des Schützen ohne Todesopfer abgelaufenen Amoklauf traf dieses Kind ein Streifschuss am Arsch, deswegen kann es nicht ruhig sitzen. Die Totalaufnahme einer Gegend ist ein Versuch wie jeder andere. Ohne Dunkles, ohne Kammer: keine Abbildung. Die Höhlen unserer Unvernunft, die neugierigen Nischen, Parasiten, Schwalben. Die Argentinische Ameise in Europa, ein einziger Ameisenbau, der von Portugal bis nach Italien reicht, eine Armee, eine Armada. Viele Organismen, zu einem Superorganismus verschmolzen wie einige benachbarte Furunkel zu einem Karbunkel, zu einem Superorganismus, den man auch Schwarm nennen kann oder Kuppel oder Kolonie. Ohne Kolonien kein Empire. Über allem die Wolken. Gianna, die am Fenster unserer Dachgeschosswohnung steht, das erste in einer Folge selbstverwalteter Reiche, Gianna, die mit dem Finger in den Himmel zeigt, Gianna, die die Himmelsformationen bei ihren Namen nennt, Cumulus, Cirrus, Stratus. Shtrat, das Bett, Frau Holle schüttelt die Kissen auf, Perchta, die Glänzende, die in der heiligen Lucia aufgegangen ist, der geweihten Jungfrau, die sich der gerichtlich erwirkten Vergewaltigung im Bordell entzog, die sich ihrem Gott hingab, Perchta, die Glänzende, die in der heiligen Lucia aufgegangen ist, der geweihten Jungfrau, der man die Augäpfel ausriss, die sie seither stets in einer Schüssel bei sich trägt, der seither stets zwei braune Rinnsale aus den Augenhöhlen laufen, die blind ist wie Justitia, die ein Urteil fällt, wie man ein Lot fällt. Cumulus, Cirrus, Stratus. Shtrat, das Bett, das Schlaflager, eine Internierungsstätte unter vielen, weich gebettet, kühl, Frau Holle schüttelt die Kissen auf, Perchta schlitzt dir den Bauch auf, legt Steine hinein, sie näht dir den Bauch wieder zu und ertränkt dich im Brunnen, sie lässt dich von der Schwerkraft im Brunnen ertränken, sie kennt die relevanten Anziehungskräfte, sie lässt den Weizen wachsen, sie zeigt den Feldern ihre Fotze, sie befehligt die Armee der Ungeborenen. Ein Medium, viele Medien, ein einziger Schwarm aus Informationen, der vom hellen Tag bis in die letzten Winkel unserer Vorstellungskraft reicht, eine Armee, eine Armada, nein, ein Schlachtfeld, ein Tatort, ein Labor, eine Verkettung glücklicher und weniger glücklicher Zufälle, Empire und Kolonien, alles ist Rand, the centre cannot hold, Netze. William Carlos Williams schreibt in seinem *Essay on Virginia*, ein Essay sei wie an infant which fails to continue, Perchta also, Befehlshaberin der Armee der guten Versuche.

Feels like I'm caught in the middle, that's when I realize: I'm not a girl, not yet a woman. I've seen so much more than you know now, so don't tell me to shut my eyes.

Was wir nicht verstehen, ist die durchlässige, idealerweise nicht löchrige Oberfläche, die wir Haut nennen, was wir nicht verstehen, sind die von wohlwollenden Kleinstlebewesen durchzogenen, mit unerklärlichen Nervenknoten gespickten Windungen unseres Inneren, die wir Gedärm nennen, was wir nicht verstehen, ist jener fettige, brutale Faltenwurf, den wir Hirn nennen, in dessen Inneren es tost, was wir nicht verstehen, ist die Bildung der Gedanken, nein, sind Verhältnisse. Eine Qualle unterm Mikroskop, Polyluxpoesie, schwierig zu akzeptieren, dass das lebt, schwierig überhaupt, zu mikroskopieren, ich denke an mein abgebrochenes Studium, fokussieren, scharf stellen, suchen, ich fand nie etwas, ich scheiterte an der Schärfe, die nur für den Bruchteil einer Sekunde, kürzer als ein Blitz, greifbar wird. Eine Qualle unterm Mikroskop, Polyluxpoesie, kein Gehirn, aber ein rudimentäres Nervensystem, Turritopsis dohrnii ist ein potentiell biologisch unsterbliches Nesseltier, seine Polypen bilden Kolonien am Meeresboden, am Fuße der unterseeischen Gebirge, in flachen Tälern und Verwerfungen, mal nahe, mal ferner derjenigen Berge, deren Plateaus als Inseln über die durchlässige, nicht aber löchrige Oberfläche der Ozeane ragen. Turritopsis dohrnii kann sich klonen, Zellen des Außenschirms können durch Transdifferenzierung zum Keim eines neuen Polypen werden, das Genom bleibt gleich, nicht die Mutter stirbt kurz nach der Geburt des Kindes, sondern ein Zwilling bringt den nächsten hervor, Turritopsis gebärt sich selbst, bringt sich selbst hervor, Autopoiesis, Mimesis, Bionik. Saugnapf, Propeller, Echolot. Die müßige Frage, welche Form ein Essay über das Internet haben sollte, ist das Internet doch selbst versuchsförmig. Das Auge des Fisches, den ein Klassenkamerad und ich in der achten Klasse sezierten, war größer als sein Hirn. Sezier die Erdzeitalter. Ein Absatz zeigt das Ende einer Sinneinheit an. In die Wolke haben wir das Wissen verlagert. Ist es bloß die eine? Die Verhältnisse bleiben unangetastet. Tastsinn. Das weiche rosa Fangblatt einer Venusfliegenfalle, Vagina dentata, wer Vagina sagt, muss den Verstand verloren haben, jede Scheide braucht ihr Schwert, Wasserscheiden, der Coastal Divide, Venus, der Morgenstern, afërdita, nah der Tag.

DIE OFFENLEGUNG DER QUELLEN BEDEUTET NOCH LANGE NICHT DIE OFFENLEGUNG DER GEHEIMNISSE

Jungfrauen

S. 9: »Virginity […] fucked.« Vgl. Andrea Dworkin, *Intercourse*, New York, 2007, S. 106.

S. 11: »das Wissen, dass Stillstand der Tod ist …« Herbert Grönemeyer: »Bleibt alles anders«, Album: *Bleibt alles anders*, Grönland Records, 1998.

S. 11: »This was not a puerile virginity […] resistance to any political despotism.« Dworkin, *Intercourse*, S. 118.

S. 15: »Because she found a way […] the total subjugation of her physical form and freedom to what men want from her.« Dworkin, *Intercourse*, S. 120.

S. 16-17: »Nur durch den symbolischen Übertritt […] die später an die Stelle ihrer Tante treten konnten.« Vgl. Wikipedia, »Eingeschworene Jungfrau, auf: https://de.wikipedia.org/wiki/Eingeschworene_Jungfrau (Stand: August 2018).

S. 17: »No woman can want freedom […] the emblem of her distinct integrity for those who hated her.« Dworkin, *Intercourse*, S. 125.

S. 17: »[Joan's male clothing] characterized her virginity as militant: hostile to men […] accept virginity in feminine dress.« Dworkin, *Intercourse*, S. 126.

S. 19-20: »Mit Spannung erwarten wir also […] in den Sack spritzen ließ.« Vgl. Parsemus Foundation, »Vasalgel, a multi-year contraceptive«, auf: https://www.parsemus.org/projects/vasalgel/ (Stand: August 2018).

Der Autor irrt sich

S. 25: »Ich bin Dichter […] soweit wortgeworden.« Wladimir Majakowski, »Ich selbst«, in: Ders.: *Wie macht man Verse? Eine Autobiographie«*, Berlin, 1960, S. 7.

S. 26: »[…] Quappi mit ihrem Papagei […].« Vgl. Max Beckmann, *Quappi mit Papagei,* 1936, Kunstmuseum Mülheim an der Ruhr, und https://www.derwesten.de/staedte/muelheim/beruehmtes-quappi-bild-in-berlin-id11352703.html (Stand: August 2018).

S. 27: »Jeden Morgen gehen sie an die Arbeit […] ein Denkmal ihrer Einsamkeit.« Joseph Brodsky, »Die Verben«, in: Ders.: *Haltestelle in der Wüste. Gedichte*. Russisch und Deutsch, Frankfurt am Main, 1997, S. 7.

S. 29: »La parole est une hystérie […] a bientôt.« Sophie Podolski, *Le pays où tout est permis*, Paris, 1973, S. 15.

S. 30-31: »[…] unternimmt er einen Streifzug durch die Antiquariate und […] empfindet B es so.« Roberto Bolaño, »Vagabundieren in Frankreich und Belgien«, in: Ders.: *Mörderische Huren. Erzählungen*, München, 2014, S. 78.

S. 33-34: »[…] NB: André Breton fühlte sich von […] kann ohne diese Fragen gut weiterleben.« Valeri Scherstjanoi, E-Mail, 2016.

S. 37: »Wir hingegen denken […] an den vergifteten Pfeil des Wilden.« Welimir Chlebnikow/Alexei Krutschonych, zit. nach: Franz Mon, *Sprache lebenslänglich. Gesammelte Essays*, Frankfurt am Main, 2016, S. 70.

S. 39: »Im Frühjahr, im Herbst […] wahrzumachen: Freiheit Gleichheit Brüderlichkeit.« Carlfriedrich Claus, »Ort des Windes«, auf: http://deacademic.com/dic.nsf/dewiki/236373 (Stand: August 2018).

S. 41: »drei sprachen sind zu gross für deinen mund, mein kind …« Dagmara Kraus, »çatodas«, auf: https://www.lyrikline.org/de/gedichte/catodas-13944 (Stand: August 2018).

S. 42: »Don't go chasing waterfalls / Stick to the rivers and lakes that you're used to.« TLC, »Waterfalls«, Album: *CrazySexyCool*, LaFace Records, 1994.

Über Geheimnisse (Plädoyer)

S. 43: »Von dem, was die anderen nicht von mir wissen, lebe ich.« Peter Handke, *Am Felsfenster morgens (und andere Ortszeiten 1982-1987)*, München, 2000, S. 336.

S. 44: »Doch bist du wenigstens nicht so wie die, du bist kein ehrliches Rindvieh.« Tocotronic, »Zucker«, Album: *Das rote Album*, Vertigo Records, 2015.

S. 46: »Don't go chasing waterfalls […] you're moving too fast.« TLC, »Waterfalls«.

S. 48: »My lovin' is the way to go.« Sean Paul, »Temperature«, Album: *The Trinity*, Atlantic Records, 2005.

S. 48: »Ich fragte wie fast jeder vieles in der Zeit des Heranwachsens. Nach dem Staat fragte ich nicht.« Ilse Aichinger, »Der Boden unter den Füßen«, in: Dies.: *Film und Verhängnis*, Frankfurt am Main, 2001, S. 21.

S. 48: »Don't ask where I'm from. Ask where I'm a local.« Taiye Selasi, »Don't ask where I'm from, ask where I'm a local«, TED-Talk, 2015, auf: ted.com/talks/taiye_selasi_don_t_ask_where_i_m_from_ask_where_i_m_a_local (Stand: August 2018).

S. 49: »Es gibt Menschen, die die Versehrtheit, die Emigration auch bedeutet […] Dialogs untergraben wird.« Vgl. »Das ist wahrscheinlich eine unüberbrückbare Differenz in der Wahrnehmung der Welt zwischen denen, die die Erfahrung von Versehrtheit gemacht haben, und denen, die sie nicht gemacht haben.« Sasha Marianna Salzmann, in: »Rassismus trifft alle Minderheiten«, Sasha Marianna Salzmann im Gespräch mit Michel Friedman, in: *Die Zeit*, 49/2015, 3.12.2015, auf: https://www.zeit.de/2015/49/antisemitismus-rassismus-michel-friedman-marianna-salzmann/seite-3 (Stand: August 2018).

S. 49: »Every now and then I fall apart.« Bonnie Tyler, »Total Eclipse of the Heart«, Album: *Faster Than the Speed of Night, Columbia Records, 1983.*

S. 50: »Die romantische Liebe im Kapitalismus ist gleichzeitig alles verzehrend und prekär.« Vgl. Laurie Penny, *Fleischmarkt*, Hamburg, 2015.

S. 50: »My girl pinched my hips to see if I still exist.« Fugees, »Ready or Not«, Album: *The Score*, Columbia Records, 1996.

S. 51: »Disziplin ist, etwas, das man hasst, so zu tun, als würde man es lieben.« Vgl. Mike Tyson, 19.04.2011, auf: https://twitter.com/miketyson/status/60443844994531328?lang=de (Stand: August 2018).

S. 51: »Nur die Dosis macht das Gift«, vgl. »Alle Dinge sind Gift, und nichts ist ohne Gift; allein die dosis machts, daß ein Ding kein Gift sei.« Theophrast Paracelsus, »Die dritte Defension wegen des Schreibens der neuen Rezepte«, in: Ders.: *Werke*, Band 2: *Septem Defensiones*, Darmstadt, 1965, S. 510.

S. 52: »I am multifaceted, bitch, I do a ton of shit.« Angel Haze, »Werkin Girls«, Album: *New York EP*, Republic Records, 2012.

Über das Beichten

S. 57-58: »Ich habe keine Angst, ich habe kein schlechtes Gewissen, und Mitleid ist auch das falsche Wort.« Angela Merkel in einem Interview, 1999, zit. nach: Clara Ott, »Die bleibt stehen. Die haut zurück«, in: *Die Welt*, 13.12.2016, auf: https://www.welt.de/politik/deutschland/article160239756/Die-bleibt-stehen-Die-haut-zurueck.html (Stand: August 2016), und Torsten Körner/Matthias Schmidt, *Angela Merkel – Die Unerwartete*, Broadview TV, MDR u.a., 2016.

S. 60: »Für Meister Eckhart ist die Menschwerdung Gottes kein einmaliges Ereignis, der Vater gebiert seinen Sohn ohne Unterlass [...] Er gebiert mich als seinen Sohn und als denselben Sohn ...« Wikipedia, »Menschwerdung Gottes«, auf: https://de.wikipedia.org/wiki/Menschwerdung_Gottes (Stand: August 2018).

to blend in/into sth (Nachruf)

Mittlerweile gelöschte oder gesperrte Instagram- und Tumblr-Posts identitärer Aktivisten liegen, wenn nicht anders vermerkt, der Autorin in archivierter Form vor.

S. 63: »*Triumph des Willens* [...] ist [...] doch keine Propaganda.« Leni Riefenstahl, zit. nach: »Eine Sammlung von Zitaten Leni Riefenstahls über ihr Leben, den Tod und ihr Werk«, in: *Spiegel Online*, 09.09. 2003, auf: http://www.spiegel.de/kultur/kino/zitate-von-leni-riefenstahl-ich-bedaure-zu-100-prozent-hitler-kennengelernt-zu-haben-a-264954.html (Stand: August 2018).

S. 64: »Die mediale Auseinandersetzung mit den Akteurinnen der sogenannten Neuen Rechten, die eigentlich eine Neue Neue Rechte ist«, vgl. Chetan Bhatt (2012), »The New Xenologies of Europe: Civil Tensions and Mythic Pasts«, in: *Journal of Civil Society*, 8 (3), S. 307-326.

S. 65: »Ich lasse mir nicht mehr Angst machen [...]. Das haben wir zur Genüge erfahren.« Ilse Aichinger, »Schlechte Wörter«, in: Dies.: *Werke in acht Bänden*, Band 4: *Schlechte Wörter*, Frankfurt am Main, 1991, S. 13.

S. 65: »auf ›seriösen Radikalismus‹ plädierender [...].« Holger Apfel, zit. nach: »Holger Apfel will ›seriösen Radikalismus‹«, in: *Handelsblatt*,

13.11.2011, auf: handelsblatt.com/politik/deutschland/neuer-npd-vorsitzender-holger-apfel-will-serioesen-radikalismus/5831070.html (Stand: September 2018).

S. 70-71: »Is there a RACE left in England? [...] Quando tutti saremo forti.« Ezra Pound, »Speech to the English«, Ente Italiano per le Audizioni Radiofoniche, 15.03.1942, auf: http://www.english.illinois.edu/maps/poets/m_r/pound/radio.htm (Stand: August 2018).

S. 71: »eine Scheibe, ach was: drei«, vgl. »Schneid dir eine Scheibe von mir ab / Ach was, nimm drei Scheiben«, Sido feat. Kitty Kat, »Keine Faxen«, Album: *Ich*, Aggro Berlin, 2006.

S. 74: »Nachdem der Jüdische Weltkongress [...] philosemitische Trutzburg gegen die braune Gefahr.« Vgl. »AfD will angeblich ›Garant jüdischen Lebens‹ sein«, in: *Spiegel Online*, 06.04.2017, auf: http://www.spiegel.de/politik/deutschland/frauke-petry-nennt-afd-garant-juedischen-lebens-a-1142090.html (Stand: August 2018).

S. 76: »Unser Ziel ist keine Beteiligung am Diskurs, [...] sondern eine andere Sprache.« Identitäre Bewegung Deutschland e.V., »Zukunft für Europa, Identitäre Bewegung«, am 21.01.2016, auf: https://www.youtube.com/watch?v=rPXI6tA31yI, Min. 01:55 (Stand: August 2018).

S. 79: »Im Schatten der kahlen, krummen Eichen [...].« Vgl. *Die Moorsoldaten*, auf: https://www.youtube.com/watch?v=tX3pJ4mxe4Y (Stand: August 2018).

S. 80: »Macht [...], Trotz [...], Spott [...] oder Zuneigung [...] um der Dämonisierung unserer Bewegung vorzubeugen.« Identitäre Bewegung Deutschland e.V., geleakte interne Strategiepapiere, auf: https://de.indymedia.org/node/17855 (Stand: August 2018).

S. 80: »Europa, die von einem potenten Stier entführt und vergewaltigt wurde [...] wird mit Europa bezeichnet«, vgl. Wikipedia, »Europa«, auf: https://de.wikipedia.org/wiki/Europa (Stand: August 2018).

S. 81: »In See zu stechen ist notwendig / Überleben ist nicht notwendig.« Vgl. »[...] Navigare/è necessario; non é necessario/vivere. [...]«, Gabriele D'Annunzio, »Alle Pleiadi e ai Fati«, in: Ders.: *Maia*, Mailand, 1995, S. 3.

S. 81-82: »Die IB ist eine metapolitische Kraft [...] muss die Massen erreichen und gut zugänglich sein.« Identitäre Bewegung Deutschland e.V., geleakte interne Strategiepapiere.

S. 84: »Übrig bleibt nur noch ein Foto von 2016 [...], ein rosa blühender Zweig, der in Richtung Pulsadern zeigt.« Vgl. Alina Wychera, auf: https://www.instagram.com/alina.rauheneck/ (Stand: August 2018).

S. 85: »Auch damals warnte [...] vor Hausdurchsuchungen.« Vgl. Sebastian Weiermann, »Jugendliche Mörder und ein V-Mann«, in: *Zeit Online*, 29.05.2018, auf: https://www.zeit.de/politik/deutschland/2018-05/anschlag-solingen-neonazis-informanten-fremdenfeind lichkeit (Stand: August 2018).

S. 86: »Denn wer weint [...] erst recht totgeschlagen.« Marcel Beyer, »Hat Adorno geweint?«, in: *Frankfurter Allgemeine Sonntagszeitung*, Nr. 14, 09.04.2018, S. 39.

S. 88: »der westen ist der ort [...] der mich also vergißt wie ich ihn.« Ronald M. Schernikau, *Die Tage in L.*, Hamburg, 2001, S. 21-22.

S. 89: »Anonymous asked: Ich kann verstehen, [...] Liebe Grüße B.« Anonymous, 07.11.2016, auf: https://alina-von-rauheneck.tumblr.com/post/152862949264/ich-kann-verstehen-dass-du-bei-den-gan zen#notes (Stand: August 2018).

S. 89: »Ich, ich, ich [...] I think I may well be a Jew.« Sylvia Plath, »Daddy«, in: Dies.: *Ariel*, Frankfurt am Main, 1974, S. 108.

S. 90: »Die Verwurzelung [...] der menschlichen Seele.« Simone Weil, *Die Verwurzelung. Vorspiel zu einer Erklärung der Pflichten den Menschen gegenüber*, Zürich, 2011, S. 42, zit. nach: Alina Wychera, 17.11.2018, auf: https://alina-von-rauheneck.tumblr.com/post/153307787154/die-verwurzelung-ist-wohl-das-wichtigste-und-am#notes (Stand: August 2018).

S. 90: »Es gibt keinen Politiker [...] einflößte als Hitler.« E. M. Cioran, »Eindrücke aus München. Hitler im Bewußtsein der Deutschen«, in: Ders.: *Über Deutschland. Aufsätze aus den Jahren 1931-1937*, Berlin, 2011, S. 140.

S. 95: »Durch die Erregtheit des Asylbewerbers [...] notwendig.« Conny Stiehl, zit. nach: »Polizei rechtfertigt Festhalten von Flüchtling«, in: *Sächsische Zeitung Online*, 02.06.2016, auf: https://www.sz-online.de/sachsen/polizei-rechtfertigt-festhalten-von-fluechtling-3410372.html (Stand: August 2018).

S. 96: »Europa. Der Name und die Erzählung [...] #europa #identitariangirls #identitär #phalanxeuropa«, Alina Wychera, 21.04.2017, auf: https://alina-von-rauheneck.tumblr.com/post/159833375504/europa-der-name-und-die-erz%C3%A4hlung-unseres (Stand: April 2017).

S. 97: »It took many years of vomiting up [...] I had a right to be here.«

James Baldwin, »They Can't Turn Back«, in: Ders.: *The Price of the Ticket. Collected Nonfiction, 1984-1985*, New York, 1985, S. 227, zit. nach: Melanie Schmitz, 02.12.2016, auf: http://la-grive.tumblr.com/post/153941928/it-took-many-years-of-vomiting-up-all-the-filth (Stand: August 2018).

S. 100: »Ego loves identity. […] Ego hates drag.« RuPaul, 08.04.2014, auf: https://twitter.com/rupaul/status/453547953899454464?lang=de (Stand: August 2018).

S. 102: »Einige Fotografien […] gemeinsam mit Harvey Weinstein.« zentropista.tumblr.com, 12.10.2017, auf: http://zentropista.tumblr.com/post/166321044274 (Stand: August 2018).

S. 102: »Ein Zitat aus der *Bhagavad Gita*: […] – and therefore, of the races.« zentropista.tumblr.com, 12.10.2017, auf: http://zentropista.tumblr.com/post/166321275149/de-la-corruption-des-femmes-proc%C3%A8de-la-confusion (Stand: August 2018).

S. 102: »Ein Zitat der jüdischen Organisation […] depicting WWII and the Holocaust«, zentropista.tumblr.com, 12.10.2017, auf: http://zentropista.tumblr.com/post/166322091104/producer-harvey-weinstein-was-honored-this-week-by (Stand: August 2018).

S. 103: »angesichts ihrer online verkündeten Freude […].« Vgl. Melanie Schmitz, 20.04.2016, auf: http://la-grive.tumblr.com/post/143130294268/zentropista-posted-this-whoop-whoop (Stand: September 2018).

S. 105-106: »Ok guys so this is a critical post […] pretty with a realistic, feminin, natural human face again.« Melanie Schmitz, Instagram, 19.08.2016, Archiv.

S. 106: »Bist du alleinerziehend […] wähl die AfD.« Jennifer Rostock, *AfD*, 31.08.2016, auf: https://www.youtube.com/watch?v=GICbuIHMGrQ (Stand: August 2018).

S. 107: »er sei mal das gewesen, was man einen Nazi nennen dürfe.« Takis Würger, »Das Postergirl der neuen Rechten«, in: *Der Spiegel*, 28.05.2017, S. 65.

S. 107: »Am Ende dieses fulminanten Multikulti-Traumes […] Wählt die Alternative [für Deutschland].« Variete Identitaire, *AFD*-Song (Jennifer Rostock Konter), 02.09.2016, auf: https://www.youtube.com/watch?v=rHaBDpuz3pw (Stand: August 2018).

S. 109: »›Mein Beutel ist wichtiger als Israel.‹ […] #sunday #aktivism #holowas.« Nazina/Princess Ina Hasselbach, Instagram, 18.12.2016, auf: https://www.instagram.com/p/BOKVvTiDEHh/?taken-by=princess_ina_hasselbach (Stand: August 2018).

S. 111: »Schmitz zitiert Hitler […] nahezu wörtlich«, vgl. Ulrich Weinzierl, »Im Netz des Menschenfängers«, in: *Die Welt*, 06.02.2012, auf: https://www.welt.de/print-welt/article372470/Im-Netz-des-Menschenfaengers.html (Stand: August 2018).

S. 111: »I actually don't like cut flowers because it makes me really sad to watch them slowly die.« Schmitz, Instagram, 29.10.2018, Archiv.

S. 111: »In *Sieg des Glaubens* […] den Strauß dem überrumpelten Heß auf den Schoß.« Vgl. Leni Riefenstahl, *Der Sieg des Glaubens*, 1933, auf: https://www.youtube.com/watch?v=DuDDVYCxDIw (Stand: August 2018).

S. 112: »Stürmt, vorwärts, […] steigt die Sonne im Osten empor« Varieté Identitaire, »Avanti Ragazzi di Buda« (deutsche Version), 28.03.2017, auf: https://www.youtube.com/watch?v=3m-_VnU9-iI (Stand: August 2018).

S. 112: »Das im Zusammenhang […] – und auch sonst nichts – durften.« Vgl. Roger Baker, *Drag. A History of Female Impersonation in the Performing Arts*, New York, 2015.

S. 113: »[…] Travestie […]«, Vgl. Wikipedia, »Travestie«, auf: https://de.wikipedia.org/wiki/Travestie (Stand: August 2018), und Gérard Genette, *Palimpsests. Literature in the Second Degree*, Lincoln, 1997.

S. 113: »Anmut sparet nicht noch Mühe […] So wie andern Völkern ihrs.« Bertolt Brecht, »Kinderhymne«, in: *Sinn und Form*, Heft 6/1950, S. 45, zit. nach: Frauke Petry, »Neujahrsansprache«, 31.12.2016, auf: https://www.youtube.com/watch?v=qNcNExQcy6s (Stand: August 2018).

S. 114-115: »The question why just a modicum of german women […] hatred, envy and distrust.« [sic!] Melanie Schmitz, »When girls hate girls«, 15.06.2016, auf: http://la-grive.tumblr.com/post/145969783978/when-girls-hate-girls (Stand: August 2018).

S. 118: »Schaut man einem Teenager ins Gesicht, […] eine Erinnerung daran, dass alles vergehen muss.« Vgl. Jacinta Nandi, auf: https://www.facebook.com/jacinta.nandi, Archiv.

S. 118: »Narrabo nomen tuum«, Psalm 21:23, zit. nach: *Biblia Sacra Vulgata*, auf: https://www.bibelwissenschaft.de/online-bibeln/biblia-sacra-vulgata/lesen-im-bibeltext/bibel/text/lesen/stelle/19/210001/219999/ch/1d7d52ead988d1f6ebbf7b15876 1f9a2/ (Stand: August 2018).

S. 124: »bis es Zeit wurde, dass es Zeit war«, vgl. »Es ist Zeit, daß es Zeit wird.« Paul Celan, »Corona«, in: Ders.: *Die Gedichte*, Berlin, 2018, S. 45.

S. 127: »du, immer du, mit deinen Liedern [...] mit deiner melancholischen Poesie«, vgl. »tu, soltanto tu, con le canzoni che mi canti, tu, con qualche tua poesia mali-neo-nia«, Al Bano & Romina Power, »Tu, soltanto tu«, 1982, auf: https://www.youtube.com/watch?v=1pIaxj-K5cM (Stand: August 2018).

S. 127: »Mutter, ich schneide meinen [...] die Wolken küssen«, vgl. »Nënë moj, do pres gërshetin, e do dal malit përpjetë; shokë e shoqe pë më presin n'ato bjeshkë ku puthin retë«, Vaçe Zela, »Nënë moj do pres gëshetin«, auf: https://www.youtube.com/watch?v=q5NW6G82AgU (Stand: August 2018).

S. 127: »hinaus Mutter, benachrichtige [...] hinauf in die Berge«, vgl. »dil, moj nënë, lajmëro dasmorët, se do shkoj unë partizanë; mos më bëj nuse zakoni, do marr pushkë, në mal do dal«, Vaçe Zela, »Nënë moj do pres gëshetin«.

S. 128: »frag nicht die Vögel [...] überall findest, o Mutter«, vgl. »mos i pyt zogjt nëpër pyje, ku kam qënë e ku s'kam qënë, gjurmë gjurmë do lë ca yje, të më gjesh kudo o nënë«, Vaçe Zela, »Nënë moj do pres gëshetin«.

S. 129: »mein Viertel, meine Gegend, mein Zuhause«, Sido, »Mein Block«, Album: *Maske*, Aggro Berlin, 2004, auf: https://www.youtube.com/watch?v=oUKtOhLVeyA (Stand: August 2018).

S. 130: »ich kann Lidl nicht mehr sehn, ich will Kaviar und Weißwein«, Sido feat. Kitty Kat, »Mach keine Faxen«, Album: *Ich*, Aggro Berlin, 2006, auf: https://www.youtube.com/watch?v=_tLNit7mKLE (Stand: August 2018).

S. 130: »man lernt nicht, dass Feuer heiß ist, ohne es mal anzufassen«, Sido, »Schlechtes Vorbild«, Album: *Ich*, Aggro Berlin, 2006, auf: https://www.youtube.com/watch?v=9jjvlT78pU4 (Stand: August 2018).

S. 133-135: »Edith Stein, Nonne, ehemalige Jüdin, Teresia Benedicta a Cruce [...] eine Reliquie von ihrem Gewand.« Vgl. Katharina Seifert, »Jahre äußerer und innerer Stabilität – Edith Stein im Regierungsbezirk Pfalz 1921-1931«, in: *Blatt zum Land*, 1/2011, auf: https://politische-bildung-rlp.de/fileadmin/files/Blaetter_zum_Land/Edith_

Stein.pdf (Stand: August 2018), und Wikipedia, »Edith Stein«, auf: https://de.wikipedia.org/wiki/Edith_Stein (Stand: August 2018).

S. 136: »Inspiration exists, but it has to find you working (Pablo Picasso)«, zit. nach: Donald Trump, 29.03.2014, auf: https://twitter.com/realdonaldtrump/status/449598058788319233?lang=de (Stand: August 2018).

S. 139: »the fire was raked back, and her naked body shown to all the people and all the secrets that could or should belong to a woman, to take away any doubts from people's minds«, zit. nach: Dworkin, *Intercourse*, S. 131-132.

S. 139: »brauchen Liebe, brauchen Halt, brauchen einen, der sie knallt.« Vgl. »brauche Liebe, brauche Halt und einen, der mich knallt«, Schnipo Schranke, »Pisse«, Album: *Satt*, Buback Tonträger, 2015, auf: https://vimeo.com/101536315 (Stand: August 2018).

Der Literatur ihr Theremin

S. 144: »Das Theremin [...] der ersten Synthesizer.« Vgl. Wikipedia, »Theremin«, auf: https://de.wikipedia.org/wiki/Theremin (Stand: August 2017).

S. 145-147: »Ein Graf [...] Friedhof begeben hat.« Vgl. Wikipedia, »Konstantin und Doruntina«, auf: https://de.wikipedia.org/wiki/Kon stantin_und_Doruntina (Stand: August 2017), und Ismail Kadare, *Doruntinas Heimkehr*, München, 1998.

S. 147: »Wie aber, denke ich, nachdem ich Monika Rinck gelesen habe, [...] wie die Dichtung herausschälen?« Vgl. Monika Rinck, *Risiko und Idiotie. Streitschriften*, Berlin, 2015.

S. 150: »Dein Stolz ist dein Unglück, Medea«, Lars von Trier, *Medea*, Danmarks Radio, 1988.

S. 150: »Bei Rinck [...] ein Denken jenseits von Hybris?« Marcus Steinweg, zit. nach: Monika Rinck, in: Dies.: *Risiko und Idiotie*, S. 28.

S. 150: »Die Ideologie des reinen Erzählens«, vgl. »sowie drittens Werke, die [...] in erster Linie wegen des Stoffs geschrieben wurden – was nicht heißt, daß Kippenberger je in die Ideologie des ›reinen Erzählens‹ investiert hätte [...].« Diedrich Diederichsen, »Nachwort«, in: Martin Kippenberger, *Wie es wirklich war – am Beispiel Lyrik und Prosa*, Frankfurt am Main, 2007, S. 343.

S. 151: »Angst? Nein, ich [...] um den habe ich etwas Angst.« Marlene

Dietrich, zit. nach: www.anschlaege.at/feminismus/2016/11/feminist-superheroines-marlene-dietrich/ (Stand: August 2018).

S. 153: »Er selbst meinte, man stelle [...] ein Mensch unter der Folter.« Ismail Kadare, *Spiritus*, Zürich, 2007, S. 35.

S. 154: »kann man die barrikadengewordenen Eichenwälder entzünden«, vgl. »Werden wir endlich von unseren Eichenwäldern den rechten Gebrauch machen, nämlich zu Barrikaden für die Befreiung der Welt?« Heinrich Heine, »Ludwig Börne. Eine Denkschrift«, in: Ders.: *Werke und Briefe in zehn Bänden*, Band 6, Berlin und Weimar, 1972, S. 138.

S. 154: »auf den bröckligen Balustraden der heimischen Balkone balancieren«, vgl. Ilse Aichinger, *»Zweifel an Balkonen«*, in: Dies.: *Schlechte Wörter*, S. 19-24.

S. 154: »Ich möchte lieber nicht?« Vgl. Herman Melville, *Bartleby, der Schreiber. Eine Geschichte aus der Wall-Street*, Frankfurt am Main und Leipzig, 2004, S. 24.

S. 155: »Ich gebrauche jetzt die besseren Wörter nicht mehr [...] die Untergänge vor sich her schleifen«, vgl. Aichinger, »Schlechte Wörter«, in: Dies.: *Schlechte Wörter*, S. 11.

S. 156: »der Glaube, die eigenen Gedanken hätten Einfluss [...] auf ursächlich nicht verbundene Ereignisse«, vgl. »[...] eine Erscheinungsform der kindlichen Entwicklung, bei der eine Person annimmt, dass ihre Gedanken, Worte oder Handlungen Einfluss auf ursächlich nicht verbundene Ereignisse nehmen, solche hervorrufen oder verhindern können.« Wikipedia, »Magisches Denken«, auf: https://de.wikipedia.org/wiki/Magisches_Denken (Stand: August 2018).

S. 159: »Es gab Tage, da konnten wir nicht sagen: Wich das Ereignis vor uns zurück, oder stahlen wir uns vor ihm davon?« Kadare, *Spiritus*, S. 51.

S. 160: »›Wir geben, aber wir verkaufen nicht‹ [...] welchen sie gefallen.« Georg Büchmann, zit. nach: Otto Ladendorf, *Historisches Schlagwörterbuch 1906*, auf: https://www.textlog.de/schlagworte-halbwelt.html (Stand: August 2018).

S. 160-161: »Auf meinem Schreibtisch liegen [...] Ute, die Gute, die alle überlebt und zu sehen versteht.« Vgl. Oda Buchholz, Wilfried Fiedler, Gerda Uhlisch, *Wörterbuch Albanisch-Deutsch*, Leipzig u. a., 1992 [Leipzig, 1977], und Dies.: Wörterbuch *Deutsch-Albanisch*, Leipzig u. a., 1992 [Leipzig, 1977].

S. 162: *»Thema*, das ist nicht nur altgriechisch [...] und gegebenenfalls mit weiteren Themen konfrontiert oder kombiniert werden kann.« Vgl. Wikipedia, »Thema«, auf: https://de.wikipedia.org/wiki/Thema (Stand: August 2018).

Inseln

S. 172: »Dieser Brief – […] dein Vater hat ihn diktiert.« Friedrich Schiller, »Kabale und Liebe«, in: Ders.: *Werke und Briefe in zwölf Bänden*, Band 2: *Dramen I*, Frankfurt am Main, 1988, 5. Akt, 7. Szene, S. 674.

S. 172: »Këtë letër – kjo dorë e shkroi, kjo zemër e mallkoi – yt atë ma diktoi«, Friedrich Schiller, *Intrigë dhe dashuri*, übersetzt von Skënder Luarasi, Tirana, 1955.

S. 173-174: »In der Zeitung eine Meldung über subversive Flaschenpost […] sich für andere, nicht weniger alte Pflichten zu entscheiden.« Vgl. Fabian Kretschmer, »Flaschenpost für Nordkorea«, in: *Deutsche Welle Online*, 07.05.2018, auf: https://www.dw.com/de/flaschenpost-f%C3%BCr-nordkorea/a-43640557 (Stand: August 2018), und Ders.: »Subversive Flaschenpost«, in: *taz*, 02.06.2018, auf: http://www.taz.de/!5509558/ (Stand: August 2018).

S. 185: »Du armes Mädchen, weinst! […] Das ist das ganze Glück, das vor Dir liegt!« Heinrich von Kleist, »Prinz Friedrich von Homburg«, in: Ders.: *Sämtliche Werke und Briefe in vier Bänden,* Band 2: *Dramen 1808-1811*, Frankfurt am Main, 1987, 3. Akt, 5. Auftritt, S. 608-609.

S. 186: »erst Ende 1935, […] durfte ich Pimpf werden«, und »1949 aus sowjetischer Kriegsgefangenschaft entlassen«, Wikipedia, »Benutzer: Pedwiki«, auf: https://de.wikipedia.org/wiki/Benutzer:Pedwiki (Stand: August 2018).

S. 186: »Gab man dem Blockwart nichts […] als gefährlicher Außenseiter.« Wikipedia, »Diskussion: Eintopfsonntag«, auf: https://de.wikipedia.org/wiki/Diskussion:Eintopfsonntag, (Stand: August 2018).

S. 187: »Was heißt hier *notiert* […] in die eigene Tasche zu stecken.« Wikipedia, Benutzer: 77.187.36.186, auf: https://de.wikipedia.org/wiki/Diskussion:Eintopfsonntag (Stand: August 2018).

S. 189: »Ich finde am wichtigsten ist ihre Musik […] damit sagen sollte.« Wikipedia, »Diskussion: Hildegard von Bingen«, auf: https://de.wikipedia.org/wiki/Diskussion:Hildegard_von_Bingen/Archiv/2004 (Stand: August 2018).

S. 189: »Die gottgeweihte Jungfrau […] ist für ihren Lebensunterhalt selbst verantwortlich.« Wikipedia, »Geweihte Jungfrau«, auf: https://de.wikipedia.org/wiki/Geweihte_Jungfrau (Stand: August 2018).

S. 189: »Gregor Weichbrodts *Dictionary of non-notable Artists*«, vgl. Gregor Weichbrodt, *Dictionary of non-notable Artists*, 29.09.2018, auf: https://ggor.de/project/dictionary-of-non-notable-artists/ (Stand: August 2018).

S. 190: »ich glaube, 90 % der Polizisten sind im Herzen bei uns […], ich liebe mein Land und […], ich hoffe das System zahlt euch […] da oben in die Hände spielt«, Hannes Bajohr und Gregor Weichbrodt, *Glaube Liebe Hoffnung. Nachrichten aus dem christlichen Abendland*, 2015, auf: http://0x0a.li/de/text/glaube-liebe-hoffnung/ (Stand: August 2018).

S. 190-191: »Die Rinderzucht ist […] Beste Grüße, Holger. […] Tachchen, Holger wieder. […] ich unterschiedliche Angeben. […] Das ist alles ganz […] Quelle reinste Theoriefindung. […] Der Totalverlust an […] wenn es sich herumgesprochen hat.« Wikipedia, »Diskussion: Niue«, auf: https://de.wikipedia.org/wiki/Diskussion:Niue#Landwirtschaft (Stand: Mai 2018).

S. 191: »Die Änderung auf den […] Bitte rückgängig machen. […] Da die Verschiebung nicht […] zurückverschoben. Beste Grüße. […] Wieso? Ist doch […] als Junge, und?« Wikipedia, »Diskussion: IBO«, auf: https://de.wikipedia.org/wiki/Diskussion:Ibo_(Schlagers%C3%A4nger) (Stand: August 2018).

S. 192: »Ich hab immer versucht, in […] an seine Mauern.« Heiner Müller, *Zur Lage der Nation*, Berlin, 1990, S. 23.

S. 192: »Das Lebewesen Ruhrgebiet erstreckt sich […] Kann man das so sagen?« Vgl. Dirk Baecker/Alexander Kluge, *Vom Nutzen ungelöster Probleme*, Berlin, 2003, S. 39-40.

S. 193: »›I know that according to a […] Greek presence in Asia minor.‹ / ›Name of the book, author, edition, page?‹« Wikipedia, »Talk: Great fire of Smyrna«, auf: https://en.wikipedia.org/wiki/Talk:Great_fire_of_Smyrna#The_Greeks_started_the_fire (Stand: August 2018).

S. 195: »vor sich her schleift, wie Untergänge«, vgl. Aichinger, »Schlechte Wörter«, S. 11.

S. 201: »Migjeni war ein […] auf Albanisch verfasste.« Vgl. Wikipedia, »Migjeni«, auf: https://de.wikipedia.org/wiki/Migjeni (Stand: Mai

2018); Wikipedia, »Diskussion: Migjeni«, auf: https://de.wikipedia.org/wiki/Diskussion:Migjeni (Stand: Mai 2018); Wikipedia: »Millosh Gjergj Nikolla«, auf: vgl. https://en.wikipedia.org/wiki/Millosh_Gjergj_Nikolla (Stand: Mai 2018), und Wikipedia, »Talk: Millosh Gjergj Nikolla«, auf: https://en.wikipedia.org/wiki/Talk:Millosh_Gjergj_Nikolla (Stand: Mai 2018).

S. 201: »Franz Kafka war ein [...] and short story writer.« Vgl. Wikipedia (de), »Franz Kafka«, auf: https://de.wikipedia.org/wiki/Franz_Kafka (Stand: Mai 2018); Wikipedia, »Diskussion: Franz Kafka«, auf: https://de.wikipedia.org/wiki/Diskussion:Franz_Kafka (Stand: Mai 2018); Wikipedia (en), »Franz Kafka«, auf: https://en.wikipedia.org/wiki/Franz_Kafka (Stand: Mai 2018), und Wikipedia: »Talk: Franz Kafka«, auf: https://en.wikipedia.org/wiki/Talk:Franz_Kafka (Stand: Mai 2018).

S. 201-202: »Wozu eigentlich überhaupt gleich [...] und hatte eine deutsche Mutter.« Vgl. Wikipedia, »Diskussion: Mesut Özil«, auf: https://de.wikipedia.org/wiki/Diskussion:Mesut_%C3%96zil (Stand: Juli 2018).

S. 202: »in Hannelore Kohl ist Milch drin.« Vgl. »In Hannelore Kohl / Ist Milch drin.« Kippenberger, *Wie es wirklich war,* S. 68.

S. 202: »Elias Canetti war ein [...] die britische Staatsbürgerschaft.« Vgl. Wikipedia (de), »Elias Canetti«, auf: https://de.wikipedia.org/wiki/Elias_Canetti (Stand: Mai 2018); Wikipedia, »Diskussion: Elias Canetti«, auf: https://de.wikipedia.org/wiki/Diskussion:Elias_Canetti (Stand: Mai 2018); Wikipedia (en), »Elias Canetti«, auf: https://en.wikipedia.org/wiki/Elias_Canetti (Stand: Mai 2018), und Wikipedia, »Talk: Elias Canetti«, auf: https://en.wikipedia.org/wiki/Talk:Elias_Canetti (Stand: Mai 2018).

S. 202-203: »wie kommt es, dass [...] wir uns u.u. auch blind.« Vgl. Wikipedia, »Diskussion: Navid Kermani«, auf: https://de.wikipedia.org/wiki/Diskussion:Navid_Kermani (Stand: Juli 2018).

S. 203: »Es ist völlig irrelevant ob [...] oder was auch immer.« Vgl. Wikipedia, »Diskussion: Ivo Andrić«, auf: https://de.wikipedia.org/wiki/Diskussion:Ivo_Andri%C4%87 (Stand: Juli 2018).

S. 203-204: »Albert Einstein gilt als [...] I know I don't.« Vgl. Wikipedia (de), Albert Einstein, auf: https://de.wikipedia.org/wiki/Albert_Einstein (Stand: Mai 2018); Wikipedia, »Diskussion: Albert Einstein«, auf: https://de.wikipedia.org/wiki/Diskussion:Albert_Einstein (Stand: Mai 2018), Wikipedia (en), »Albert Einstein«, auf: https://

en.wikipedia.org/wiki/Albert_Einstein (Stand: Mai 2018), und Wikipedia, »Talk: Albert Einstein«, auf: https://en.wikipedia.org/wiki/Talk:Albert_Einstein (Stand: Mai 2018).

S. 204: »Adolf Hitler war von 1933 bis 1945 Diktator des Deutschen Reiches.« Vgl. Wikipedia, »Adolf Hitler«, auf: https://de.wikipedia.org/wiki/Adolf_Hitler (Stand: August 2018).

S. 204-205: »Antonio Gramsci dachte aufgrund [...] he certainly looks it.« Vgl. Wikipedia (de), »Antonio Gramsci«, auf: https://de.wikipedia.org/wiki/Antonio_Gramsci (Stand: Mai 2018); Wikipedia, »Diskussion: Antonio Gramsci«, auf: https://de.wikipedia.org/wiki/Diskussion:Antonio_Gramsci (Stand: Mai 2018); Wikipedia (en), »Antonio Gramsci«, auf: https://en.wikipedia.org/wiki/Antonio_Gramsci (Stand: Mai 2018), und Wikipedia, »Talk: Antonio Gramsci«, auf: https://en.wikipedia.org/wiki/Talk:Antonio_Gramsci (Stand: Mai 2018).

S. 207: »Auf die Frage, ob ich Deutscher bin, kann ich nur sagen dass ich in jedem Falle gerne in Deutschland bin.« Celo & Abdi, »Diaspora«, Album: *Diaspora*, Azzlackz, 2017, auf: https://www.youtube.com/watch?v=pNJQJCBeMe8 (Stand: August 2018).

S. 208: »I'm not a girl, not yet a woman [...] a moment that is mine.« Britney Spears, »I'm not a girl, not yet a woman«, Album: *Britney*, Jive Records, 2001, auf: https://www.youtube.com/watch?v=IlV7RhT6zHs (Stand: August 2018).

S. 209: »Die Meereswellen schäumen [...] hat das Meer Wellen nicht.« Vgl. »Valët e detit shkumojnë plot dallgë, bashkë me shokët në breg kemi dalë; sa kemi mall, s'ka deti valë.« Vaçe Zela, »O moj e bukur Arbëri«, auf: https://www.youtube.com/watch?v=5Pl-9M3gVxY (Stand: August 2018).

S. 214: »Da bin ich noch: [...] Dem Winter folgt der Sommer der Begierde.« Volker Braun, »Das Eigentum«, in: Ders.: *Der Stoff zum Leben 1-4*, Frankfurt am Main, 2009, S. 97.

S. 214: »Britney Spears announced [...] ›My baby is my religion‹.« Wikipedia, »Britney Spears«, auf: https://en.wikipedia.org/wiki/Britney_Spears#2006%E2%80%932007:_Personal_struggles_and_Blackout (Stand: August 2018).

S. 215: »90 bis 95 Prozent des Archivbestands [...] verurteilt worden.« Vgl. Wikipedia, »Historisches Archiv der Stadt Köln«, auf: https://de.wikipedia.org/wiki/Historisches_Archiv_der_Stadt_K%C3%B6ln#Einsturz_des_Archivs (Stand: Mai 2018).

S. 222 »sie zeigt den Feldern ihre Fotze«, vgl. Mithu M. Sanyal, *Vulva. Die Enthüllung des unsichtbaren Geschlechts*, Berlin, 2009.

S. 222: »the centre cannot hold«, William Butler Yeats, »The Second Coming«, in: Ders.: *The Collected Poems of W. B. Yeats*, New York, 1996, S. 187.

S. 222: »William Carlos Williams schreibt [...] wie an infant which fails to continue.« Vgl. »In his ›Essay on Virginia‹ of 1925, William Carlos Williams declares that › an essay is like an infant which fails to continue‹.« Brian Dillon, »What does the essay do«, in: *The Times Literary Supplement*, 02.11.2017, auf: https://www.the-tls.co.uk/articles/public/essay-today-brian-dillon/ (Stand: August 2018).

S. 223: »I'm not a girl [...] I've seen so much more than you know now, so don't tell me to shut my eyes.« Spears, »I'm not a girl«.

Kein Anspruch auf Vollständigkeit.